重庆市农牧业新质生产力重点问题探索与研究

◎ 李小琴 著

中国农业科学技术出版社

图书在版编目（CIP）数据

重庆市农牧业新质生产力重点问题探索与研究 / 李小琴著. -- 北京：中国农业科学技术出版社，2025.2.
ISBN 978-7-5116-7316-9

Ⅰ．F327.719

中国国家版本馆 CIP 数据核字第 2025CU7798 号

责任编辑　崔改泵
责任校对　李向荣
责任印制　姜义伟　王思文

出 版 者	中国农业科学技术出版社
	北京市中关村南大街 12 号　邮编：100081
电 　 话	（010）82109194（编辑室）　（010）82106624（发行部）
	（010）82109709（读者服务部）
网 　 址	https://castp.caas.cn
经 销 者	各地新华书店
印 刷 者	北京虎彩文化传播有限公司
开 　 本	170 mm × 240 mm　1/16
印 　 张	7.5
字 　 数	130 千字
版 　 次	2025 年 2 月第 1 版　2025 年 2 月第 1 次印刷
定 　 价	50.00 元

版权所有·侵权必究

前　言

农牧业是国民经济的基础产业,在保障国家食物安全、繁荣农村经济、促进农牧民增收等方面发挥了重要作用。高品质生活需要高质量发展来保障。随着人民群众多元化的畜禽产品消费需求,农牧业的重要性日益凸显。作为中国西南地区的重要城市,重庆市农牧业的发展不仅关系到居民的生活质量,更是推动区域经济,特别是山区、三峡库区高质量发展的关键。作为农牧业工作者,有义务、有责任为促进农牧业高质量发展,提升农牧产品供应安全保障能力作出积极努力。基于此,作者尝试着把自己在工作中的一些探索和思考,观察到的一些成功案例进行归纳和总结,希望能为重庆市农牧业高质量发展提供借鉴,为各级政府制定产业规划和支持政策提供参考。

在撰写过程中,为了摸清生产情况,拿到一手资料,作者经常深入基层一线,走进养殖场户,广泛调查分析,通过实地考察、业主反馈、数据分析、专家访谈等多种方式,从重庆市动物疫病防控、屠宰行业发展、蛋鸡产业发展、外来物种入侵、生态农业发展、生态农场发展、农产品市场供应体系等多个维度对重庆市农牧业发展新质生产力进行了全面梳理。全面系统分析重庆市农牧业发展现状,深入研究发展中的关键问题,提出了开创性、前瞻性的观点,也总结了一些贴近生产实际、具有较强操作性的方法,这些经验和方法如果能够得到推广应用,必将助力全市农牧业高质量发展。书中较为详细阐述了农牧业在重庆市经济发展中的地位和作用,强调了农牧业对于保障粮食安全、促进农民增收、维护生态平衡等方面的重要意义。与此同时,还通过对重庆市农牧业资源禀赋、产业布局、技术进步等方面的分析研究,揭示了当前农牧业发展中存在的问题和挑战,并提出了一系列针对性的对策和建议。如优化畜牧业产业结构,提高资源配置效率;加强畜牧业科技创新,推动科技成果转化;完善农牧业政策体系,激发市场活力;强化农牧业人才培养，提升从业人员素质；以及推动农牧业绿色循环发展，实现生态保护与经济发展的双赢等。

在本书撰写过程中，得到了重庆市农业农村委各有关处室和相关单位的大力支持，众多专家学者也提出了宝贵建议。在此对大家的帮助表示衷心感谢。也期待本书的读者能够提出宝贵的意见和建议，共同推动重庆市农牧业新质生产力的发展，为实现乡村振兴战略贡献力量。希望本书能够引起更多人对农牧业发展的关注和思考，共同探索农牧业发展的新路径，为建设美丽、富饶、和谐的新农村贡献智慧和力量。

由于作者自身水平所限，加之时间较为仓促，书中难免有不妥之处，敬请同行专家和广大读者不吝赐教，批评指正。真诚感谢大家的支持和帮助。

著者

2025 年 1 月

目 录

第一章 "后非洲猪瘟时代"动物疫病防控和生猪复养技术研究 ………… 1
  第一节 "后非洲猪瘟时代"行业背景 ……………………………… 2
  第二节 "后非洲猪瘟时代"行业发展现状 ………………………… 3
  第三节 "后非洲猪瘟时代"生猪产业发展思路和重点任务 ……… 6
  第四节 "后非洲猪瘟时代"非洲猪瘟全链条防控措施 …………… 9
  第五节 "后非洲猪瘟时代"生猪复养技术 ………………………… 15
  第六节 对策建议 ……………………………………………………… 17

第二章 重庆市外来物种入侵综合防控机制研究 ………………………… 19
  第一节 外来物种入侵对产业发展的危害 …………………………… 19
  第二节 外来物种入侵防控国际合作及世界各国防控策略 ………… 23
  第三节 当前重庆市外来物种入侵防控存在的问题 ………………… 27
  第四节 加强外来物种入侵防控机制建设对策建议 ………………… 29

第三章 "双碳"背景下重庆市现代生态农业发展研究 ………………… 31
  第一节 研究背景 ……………………………………………………… 31
  第二节 重庆市现代农业经济发展现状 ……………………………… 32
  第三节 重庆市现代生态农业发展思路 ……………………………… 34
  第四节 发展重点 ……………………………………………………… 37
  第五节 对策建议 ……………………………………………………… 40

第四章 重庆市畜禽屠宰行业发展及质量安全监管对策措施研究 ……… 43
  第一节 重庆市畜禽屠宰行业发展现状 ……………………………… 43
  第二节 重庆市畜禽屠宰质量安全监管形势分析 …………………… 47

第三节　重庆市畜禽屠宰行业发展及质量安全监管总体思路……… 51
　　第四节　重庆市畜禽屠宰行业发展及质量安全监管对策措施……… 52

第五章　重庆市蛋鸡产业发展路径专题研究……………………………… 57
　　第一节　蛋鸡产业发展行业背景……………………………………… 57
　　第二节　重庆市蛋鸡产业发展现状…………………………………… 59
　　第三节　重庆市蛋鸡产业发展思路…………………………………… 64
　　第四节　重庆市蛋鸡产业发展的突破路径…………………………… 66
　　第五节　对策建议……………………………………………………… 71

第六章　重庆市农产品市场供应体系建设现状及对策研究……………… 73
　　第一节　全市农产品市场供应体系建设现状分析…………………… 73
　　第二节　农产品市场供应体系建设的困境…………………………… 76
　　第三节　国内外农产品市场供应体系建设的经验借鉴……………… 78
　　第四节　对策建议……………………………………………………… 83

第七章　重庆市生态农场发展技术路径与政策研究……………………… 87
　　第一节　生态农场对推动重庆市农业农村现代化发展的重要意义… 88
　　第二节　国外生态农场发展及其影响………………………………… 90
　　第三节　重庆市发展生态农场的价值发现…………………………… 93
　　第四节　生态农场发展存在的问题与难点…………………………… 94
　　第五节　加快生态农场发展的对策建议……………………………… 96

第八章　全面推进乡村振兴背景下生猪屠宰及产品制式化监管路径
　　　　　研究……………………………………………………………… 99
　　第一节　生猪屠宰及产品监管的现状………………………………… 99
　　第二节　生猪屠宰及产品监管存在的问题…………………………… 101
　　第三节　生猪屠宰及产品监管对乡村振兴的贡献…………………… 104
　　第四节　生猪屠宰及产品制式化监管的路径………………………… 105
　　第五节　结论…………………………………………………………… 111

第一章
"后非洲猪瘟时代"动物疫病防控和生猪复养技术研究

非洲猪瘟是由非洲猪瘟病毒感染引起猪和野猪的一种急性、热性、高度接触性传染病。2018年8月1日,非洲猪瘟在我国首次报告发生后,很快在全国发病流行,对我国传统生猪养殖业和现代大中型生猪规模养殖企业造成沉重打击,导致生猪养殖场和养殖企业停产停业,无力恢复生产,出现猪肉产品供需平衡失调,生猪及其产品价格升高,给人民生产生活和社会经济发展造成严重影响。如何有效防控非洲猪瘟,促进生猪健康稳定生产,已成为行业当前和今后亟待解决的突出问题。

重庆市畜牧业协会成立了"后非洲猪瘟时代"动物疫病防控和生猪复养技术研究专题调研组,对非洲猪瘟疫情防控和生猪养殖等情况进行了全面摸底,对万州、合川、梁平、潼南、荣昌、武隆、铜梁、璧山、云阳、丰都、垫江等区县开展了实地调研,对15家养殖场的调研做出了书面调研报告,并先后组织有关专家座谈交流12次,系统归纳了"后非洲猪瘟时代"行业背景和发展现状,详细分析了"后非洲猪瘟时代"需要把握的形势和重点解决的短板,重点提出了"后非洲猪瘟时代"生猪产业发展思路和工作任务,总结提炼了非洲猪瘟全链条防控具体措施和生猪复养技术,形成了"后非洲猪瘟时代"动物疫病防控和生猪复养技术研究调研报告。

第一节 "后非洲猪瘟时代"行业背景

（一）非洲猪瘟病毒已在全国定植

2018年我国发生非洲猪瘟疫情99起，2019年63起，2020年19起，2021年15起，疫情报告数量、扑杀生猪数量大幅下降，非洲猪瘟疫情基本得到有效控制。但是病毒已在我国定植并形成较大污染面，所有的省份都发生过疫情，养殖、屠宰、运输等各环节都有阳性检出，境外输入的渠道风险较大，疫情发生风险依然较高，前期的攻坚战转为持久防御战。当前非洲猪瘟防控形势依然还很复杂，加上近年新冠肺炎疫情常态化的冲击，防控非洲猪瘟、稳定生猪生产、保障市场供应任重而道远，防控工作不能松懈。

（二）猪粮安天下成为普遍共识

我国是养猪大国更是猪肉消费大国，生猪养殖量和消费量均占全球的1/2，猪肉是我们城乡居民菜篮子里最重要的组成部分，占我国所有肉类消费量的60%以上。它不但直接影响着城乡居民的生活水平，更关乎国家宏观经济和调控政策走向。生猪产业对整个畜牧产业，对整个社会的稳定和发展都具有十分重要的意义。《中国统计年鉴2021》对全国居民家庭人均主要食品消费量进行了统计，在人均猪肉的消费量上，重庆以29.9千克排名第一。

（三）稳定生猪生产成为"国之大策"

无论是2022年中央"一号文件"，还是全国"两会"，"稳定生猪生产"成为畜牧领域多次被提及的共识。按照中央"一号文件"精神和《政府工作报告》部署，严格落实生猪稳产保供省负总责要求和"菜篮子"市长负责制，采取有力有效措施，化解风险挑战，全力做好保产能、稳生产各项重点工作。2021年，重庆市生猪出栏1 806.9万头，增长26.0%；猪肉产量142.0万吨，增长30.5%。年末生猪存栏1 179.8万头，同比增长9.0%，其中能繁母猪存栏116.1万头，同比增长6.3%。全市生猪产能提前半年恢复到正常年份水平，超额完成国家和重庆市政府下达的年度目标任务。

第二节 "后非洲猪瘟时代"行业发展现状

（一）"后非洲猪瘟时代"生猪行业发展状况

我国是全球最大的生猪生产国和猪肉消费国，生猪产业链汇集多个环节，涉及多个行业的存续发展，保障全国各地的猪肉供应，稳住全国猪肉价格，关乎国计民生。2018年我国非瘟疫情发生以来，生猪养殖业面临巨大挑战，为有效防控动物疫病，增强猪肉供应保障能力，党中央、国务院和各地区迅速出台疫病防控、稳产保供等相关政策，做出系列决策部署，助力生猪产业健康、可持续、高质量发展。在国家政策的带动和市场的拉动下，生猪产业综合生产能力进一步增强，产业素质大幅提升，科技支撑能力显著增强，现代产业发展基础进一步夯实，生猪养殖产业链发展空间进一步开阔。2021年以来，全国能繁母猪存栏量继续增长，基础产能持续恢复，生猪出栏显著增加，目前生猪生产已恢复至正常水平，猪肉市场供应相对充裕，生猪产业规模化水平进一步提升。据统计，2021年，我国生猪存量为44 922万头，同比增长10.5%；生猪出栏量为67 128万头，同比增长27.4%；猪肉产量为5 296万吨，同比增长28.8%。当前，非洲猪瘟、新冠肺炎疫情常态化，生猪产业稳定发展的基础依然不牢固，生猪产业迎来转型升级、布局优化调整的新格局。

重庆市是全国生猪生产大市，养猪业是全市农业农村经济发展的支柱产业。近年来，重庆市委市政府高度重视生猪业的发展，以高质量发展为主线，通过政策引导、资金投入、科技推广等方式，加快构建现代畜禽养殖体系、动物防疫体系和加工流通体系，全面推进畜牧业疫病防控、安全保障、绿色发展。2021年，全市生猪出栏1 806.9万头，增长26.0%；猪肉产量142.0万吨，增长30.5%。年末生猪存栏1 179.8万头，同比增长9.0%，其中能繁殖母猪存栏116.1万头，同比增长6.3%。重庆市生猪产能加快恢复，生猪产业良繁体系不断健全，标准化规模养殖持续攀升，生猪产业快速发展。

（二）"后非洲猪瘟时代"需要把握的形势

（1）国家、地方高度重视生猪产业发展。为稳定生猪产业的发展，保证猪肉产品供应，国家在区域发展、养殖模式、用地支持、税收优惠、资金扶持等方面出台了诸多政策，不断加大政策扶持力度，鼓励生猪生产企业向专业化、产业化、标准化、集约化方向发展，产业迎来前所未有的发展机遇。2020年中央一号文件将加快恢复生猪生产进行专门列项要求，要像抓粮食生产一样抓生猪生产，做好猪肉保供稳价工作，明确指出要稳定生猪生产长效性支持政策，稳定基础产能，防止生产大起大落。重庆市委一号文件、市政府工作报告、市委农业农村工委、市农业农村委一号文件等都对生猪产业发展提出了明确要求。重庆市先后出台了《关于促进生猪产业持续健康发展政策举措的通知（渝农发〔2021〕101号）》《猪肉加工扶持政策措施》《重庆市生猪产能调控实施方案（暂行）》等政策文件，对生猪产业发展作出明确指示，给予专项支持。

（2）猪肉产品消费需求保持旺盛态势。随着经济快速发展和居民收入水平的不断提高，工业化和城镇化步伐的加快，我国猪肉消费需求持续增长，未来猪肉产品消费需求将保持旺盛态势。而随着消费观念的转变，人们对符合高食品安全标准和高品质猪肉的需求逐渐增加，将为采取大规模一体化经营模式的生猪生产企业带来良好的发展机遇。人口增长、消费需求将对新一轮生猪产业升级产生积极的拉动作用，进一步推动行业发展。

（3）生物安全防控体系建设仍是重中之重。非洲猪瘟病毒存活力强，在血液、粪便、腌制干肉、冻肉和餐厨剩余物泔水中可存活数月，发病率和死亡率高达100%，无疫苗可防，无药可治，是养猪业首害。非洲猪瘟病毒可与其他生猪疾病混合感染，形成混感综合征，造成猪场疫病防控失败和养殖失败，这将成为"后非洲猪瘟疫情时代"困扰生猪养殖行业的一个顽疾。加强条件保障、饲养管理、饲料营养、环境控制、疫病防控等的生物安全防控体系建设是防控非洲猪瘟唯一有效的途径。但生产经营主体生物安全水平和防疫意识参差不齐，非洲猪瘟等污染面源广，内疫扩散和外疫传入的风险长期存在，生物安全防控体系建设仍是重中之重。

（4）关联行业相关形势不容忽视。重庆市全面落实生猪屠宰环节非洲猪瘟自检和官方兽医派驻"两项制度"，生猪屠宰厂从472家压减至139家。2021年，全市共屠宰检疫生猪676.75万头，29家兽药生产企业和811家兽药经营企业实现了"二维码"追溯管理率100%。创建全国兽用抗菌药使用减量化行动试点达标养殖场4家、全国生猪屠宰标准化示范厂1家。但行业法律法规制定、修订滞后，行业集中度仍然较低，部分区县屠宰厂规划布局不合理，屠宰产能严重过剩、产能利用率低，屠宰条件较差、代宰率高，屠宰投资支持不足，监管压力大、执法不到位等问题不同程度存在。另外，重庆市生猪养殖行业中，形成完整产业链条的企业所占比例较小，养殖行业现代化程度不高，疫病防控意识和能力薄弱。生猪养殖业与上下游行业和其他相关行业联系密切，疫情防控需各行业的协力合作，但各行业利益关注点不一样，最终疫情防控落实到养殖行业一家，形不成疫病综合防控合力。

（三）"后非洲猪瘟时代"需要解决的短板

（1）稳产保供基础不牢。当前，我国生猪产业发展面临着产业转型升级动能不足、重大动物疫病风险和威胁加大、资源环境约束趋紧等情况，同时支持保障体系不健全、抵御风险能力不强等问题依然存在，猪肉产品稳产保供的基础仍不牢固。生猪价格下行压力较大，如果信息引导和调控措施不能及时到位，将可能引发价格剧烈波动。

（2）发展不平衡问题突出。品种、畜种、畜群、产品结构不合理，育繁推、产加销各环节脱节，产业链各环节发展不足，加工流通体系培育不充分，利益联结机制不健全。畜牧业生产与加工发展失衡，畜产品加工业滞后，企业规模较小，加工深度不够，优质高档品种比重低，名、特、优产品数量不足。

（3）畜禽种业体系不健全。重庆市种畜禽种质水平整体不高，与全国平均水平及发达国家的差距很大，缺乏竞争力。规范的原种猪场和父母代猪场较少，种畜禽企业综合实力不强，缺乏能带动一批基地、一个产业、一方经济的引领龙头企业。畜禽良种过于依赖国外，缺乏自主性，基本没有掌握核心种源。另外猪场的种猪结构不合理，繁育不科学，导致种猪性能退化严重，种猪质量参差不齐和种猪生产滞后。

（4）科技创新能力较弱。重庆市生猪产业的科技创新能力较弱，优质品种研发、关键科技攻关、配套技术集成、高端产品开发等方面的科技创新能力不足。畜牧业科技投入与产值不协调，畜牧科技供给结构与需求结构不协调，科技成果转化服务体系不完善，科研机构对畜产品生产、加工、流通领域科技支撑不够，科技研究与推广不协调。

（5）疫病防控能力不强。生猪规模养殖水平不高、生产经营方式不适应，生猪产业链不完整，基层防疫体系不健全、队伍不稳定、管理不顺畅，抗风险机制不健全，动物防疫存在短板，抵御疫病风险、市场风险能力不强，缺乏持续稳定发展的动力。

第三节 "后非洲猪瘟时代"生猪产业发展思路和重点任务

（一）总体思路

以习近平新时代中国特色社会主义思想为指导，全面贯彻党的十九大和十九届历次全会精神，深化落实习近平总书记对重庆提出的营造良好政治生态，坚持"两点"定位、"两地""两高"目标，发挥"三个作用"和推动成渝地区双城经济圈建设等重要指示要求，明确"全国生猪产销平衡省（市）"定位，稳定发展生猪产业，在发展模式上"抓大不放小"①，延长产业链条，大力发展猪肉加工，加大政策扶持，加强科技支撑，构建生产高效、资源节约、环境友好、布局合理、产销协调的生猪产业高质量发展新格局，实现生猪产业高质量发展，更好地满足人民群众多元化的猪肉产品消费需求。

（二）基本原则

（1）坚持市场主导原则。以市场需求为导向，充分发挥市场在资源配置中的决定性作用，消除限制生猪行业发展的不合理壁垒，增强生猪产业发展活力。

（2）坚持防疫优先原则。将生猪疫病防控作为防范生猪行业产业风险和防治人畜共患病的第一道防线，加强防疫队伍和能力建设，落实政府和市场主体的防疫责任，形成防控合力。

（3）坚持政策引导原则。充分发挥政府作用，优化区域布局，强化政策支持，加快补齐生猪行业发展的短板和弱项，加强市场调控，保障生猪产品有效供给。

---

① 抓规模化大型养殖场建设，扶持中小规模养殖场发展；抓"外三元"大类品种，鼓励发展香猪等小类品种。

（三）战略目标

"十四五"期间，重庆市打造主城都市、渝东南、渝东北生猪产业集群3个，打造生猪全产业链区县6个，建成年出栏生猪100万头优势商品猪保供基地区县5个、年出栏50万头的优势商品猪保供基地区县10个，建设万头以上规模场200个，新建年出栏20万头生猪养殖基地10个、标准化养猪场100个，建设生猪良种繁育基地10个，培育生猪稳产保供重点企业10家，打造生猪产品知名品牌5个以上。到2025年，全市能繁母猪正常保有量108.55万头，能繁母猪最低保有量97.7万头，规模猪场保有量5 100个，生猪养殖规模化率达到60%以上，生猪年出栏达到1 800万头，猪肉自给率保持在97%左右，规模养猪场（户）粪污综合利用率达到85%以上。

（四）发展布局

全市生猪产业重点布局在合川、开州、云阳、万州、涪陵、江津、黔江、忠县、酉阳、潼南、奉节、垫江、梁平、巫溪、南川、彭水、长寿、荣昌、巫山、武隆、丰都、綦江、铜梁、大足、秀山、永川、石柱、巴南等28个区县。

（五）重点任务

（1）提升生猪产业种业水平。坚持引种与繁殖相结合，提高种猪生产能力，建立与现代猪业发展相适应的种猪生产经营体系。加强种质资源保护和利用，加强引进品种的选育和培育，强化育种创新，加快生猪良种繁育与推广。建立优良种猪繁育基地。重点扶持祖代猪场建设，积极支持进境种猪隔离检疫场建设。

（2）提升生猪产业科技创新能力。坚持创新驱动发展，建立以国家生猪技术创新中心为引领的畜牧业技术研发中心。依托已建的国家级和部级重点实验室、工程技术研究中心、博士后工作站等创新平台，加强产业技术联盟建设，推动创新要素向科技创业基地聚集，围绕产业链关键环节开展集中攻关研发，加强良种繁育、标准化规模养殖、重大动物疫病防控、屠宰加工等核心技术研究。重点研发和推广低蛋白日粮和"零豆粕"日粮。加大对动物疫情防控科技创新项目及其科技成果转化的资金支持力度，鼓励企业、专业合作组织、民营科研机构和事业单位积极申报动物疫情防控科技创新项目，支持其开展科技创新与推广活动,制定并落实相关的奖励及管理考核制度。

(3)提升生猪产业链发展水平。聚焦破解饲料资源约束,做强饲料工业,夯实发展基础。优化屠宰加工产能布局,坚持屠宰与养殖布局相匹配,优化养殖屠宰加工产业链,促进畜产品加工集群发展,统筹推进畜产品加工向产地下沉、与销区对接、向园区集中,形成生产与加工、产品与市场、企业与农户协调发展的格局,提高猪肉精深加工水平。严把兽药生产和使用关口,推动兽药产业转型升级,加强畜禽产品质量安全保障。

(4)充实动物防疫机构和队伍。高度重视基层动物防疫和市场监管队伍建设,稳定基层机构队伍。依托现有机构编制资源,建立健全动物卫生监督和疫病预防控制机构,明确职责,巩固和加强队伍,保障监测、预防、控制、扑灭、检疫、监督等动物防疫工作经费和专项业务经费。加强乡镇畜牧兽医机构建设,强力推进基层畜牧兽医队伍专业化、专职化,被抽调、借用的原乡镇畜牧兽医站人员全部回归原岗位。切实落实动物疫病防控人员和官方兽医津贴补贴。强化执法队伍动物防疫专业力量,加强畜牧兽医行政执法工作指导。组织实施乡镇动物防疫特聘计划,努力做到一个乡镇特聘一名动物防疫专员。

(5)完善动物防疫基础设施。完善兽医实验室、乡镇畜牧兽医站、指定道口动物卫生监督检查站、防疫物资冷链储运、洗消中心和无害化处理中心等动物防疫基础设施建设,提升动物疫病防控能力和水平。到2025年,完成10个县级兽医实验室能力提升建设,支持大型规模养殖场和畜禽屠宰场自建兽医实验室;完善生猪大县乡镇畜牧兽医站基础设施;优化指定道口动物卫生监督检查站布局;健全防疫物资冷链储运设施设备;建设10个洗消中心;建成9个病死畜禽无害化处理中心,确保病死畜禽及产品集中无害化处理率达70%以上。

(6)强化常态化防控措施。督促从业者依法落实市动物防疫主体责任,提升生物安全防护水平。实施重大动物疫病强制免疫,推进养殖场户风险评估、量化分级管理制度。加强重大动物疫情监测排查,落实重点区域、场点入场抽检制度。强化养殖、屠宰加工、无害化处理等环节监管,规范动物疫情信息报告。统一规划实施畜禽指定通道运输。健全畜禽贩运和运输车辆监管制度,落实清洗消毒措施。推行动物调运监管制度,实施畜禽指定道口动物卫生监督检查站准入制度,完善"点对点"调运畜禽管理措施。加强口岸动物疫情防控工作，提升口岸监测、检测、预警和应急处置能力。严厉打击收购、贩运、销售、随意丢弃病死畜禽等各类不履行动物防疫责任的违法违规行为。完善疫情报告奖惩机制。

（7）创建无疫小区和净化场。加快实施非洲猪瘟等重大动物疫病分区防控，落实省际联席会议制度，统筹做好动物疫病防控、畜禽及畜禽产品调运监管和市场供应等工作。加强动物疫病区域化管理，引导支持有条件的地区和规模养殖场户创建无疫区和无疫小区。推进动物疫病净化，以种畜禽场为重点，实施动物疫病净化示范场建设。到2025年，创建10个高质量的无非洲猪瘟小区和10个动物疫病净化场，示范带动提升养殖场户生物安全防护水平。

（8）加强动物疫病防控科技创新人才培养。以"高精尖缺"人才引进培养为导向，重视高层次创新性人才队伍建设，加强动物疫病防控科技创新领军人才的选拔和培养，确保动物疫病防控科技创新高质量发展；采取专家授课、横向交流、外出考察、实践锻炼等方式不断提升动物疫情防控人员的自身素质；结合实际情况，制定中长期专业技术人才补充计划，采取定向招录、基层选拔、专业院校委培等方式，每年补充畜牧兽医专业人才到基层队伍，配足配强动物疫情防控科技推广人员，打通动物疫情防控科技创新成果在养殖生产实际转化运用的"最后一公里"。

第四节 "后非洲猪瘟时代"非洲猪瘟全链条防控措施

（一）养殖环节

（1）科学布局功能区域。养殖场户的生产区、生活区应相互分离。有条件的养殖场，应合理划分办公区/生活区、生产区/隔离区，人员办公、生活场所应与猪群饲养（含隔离）场所分开。

（2）完善防疫硬件设施。一是建设实体围墙，与周围环境有效隔离，有条件的可在围墙外深挖防疫沟。场区入口应建设门岗，采用封闭式大门，加施"限制进入"等警示标识。门岗应设置人员车辆和物资进出消毒通道。二是在门卫处设置入场淋浴间，淋浴间分为污区、缓冲区和净区，从外向内单向流动，淋浴间污区、净区均须设衣物存储柜；设置物品物资消毒间，消毒间设置净区、污区，可采用多层镂空架子隔开，物品物资由场外进入消毒间，消毒后转移至场内；设置车辆洗消的设施设备，包括消毒池、消毒设备、清洗设备及喷淋装置等。三是在养殖场围墙边上选择适当位置建立出猪间（台），出猪间（台）连接外部车辆的一侧，应向下具有一定坡度，防止粪尿、雨水向场内方向回流。有条件的养殖场（户），可在远离养殖场的区域设置中转出猪站（台），中转出猪站（台）必须设计合理并配置完善的清洗消毒设施，避免内外部车辆和人员接触而传播病毒。

（3）严格生猪全方位管理。一是生猪户口。建立生猪户口制，对生猪存栏、调入、调出、死亡等情况实行动态监管。二是疫情报告。发现生猪出现高热、不明原因死亡、流产等症状的，要立即报告当地乡镇农业服务中心（畜牧兽医站），并立即采取暂停移动、紧急消毒等管控措施。三是生猪调出。调出生猪要申报检疫，并取得《动物检疫合格证明》，严禁销售未经检疫、患病、死亡生猪。四是生猪调入。市外调入要有《动物检疫合格证明》并经指定道口动物卫生监督检查站签章、动物调运备案单、非洲猪瘟检测报告、牲畜耳标；来自疫区全部解封省份、或疫情发生省份除疫区所在县以外地区，且取得《供渝生猪养殖企业登记表》或列入《供渝生猪及其产品生产企业登记名单》管理的生猪养殖企业。市内跨区县调运要有《动物检疫合格证明》、动物调运备案单、牲畜耳标；来自非疫区所在县。区县内调运要有《动物检疫合格证明》、牲畜耳标；来自非疫区。调入后落地24小时内报告当地乡镇农业服务中心（畜牧兽医站），隔离观察45天。全市暂停从市外调入育肥猪（30千克以上至出栏供屠宰前）、散养生猪跨区县调运。严禁购买来源不明、手续不全、价格明显偏低、检疫证明载明到达地与实际到达地不一致的生猪。五是种（仔）猪调运"双检测"。种猪、仔猪等再饲养生猪售出前和调入后隔离观察期间，必须按规定自行开展非洲猪瘟PCR检测。

（4）强化人员和车辆管理。一是养殖场所有人员进场前的7天不得去过其他猪场、屠宰厂（场）、无害化处理厂及动物和动物产品交易场所等高风险场所。二是进入办公/生活区域的人员，要洗手消毒并更换洁净衣物鞋帽，再经洗手消毒方可入场。有条件淋浴的，要注意头发及指甲的清洗；未经允许，禁止进入生产区。确需进入生产区的人员，要在生产区淋浴间淋浴、更换衣物鞋帽。三是养殖场所有人员要严格按照规定路线进入各自工作区域，禁止进入未被授权的工作区域。严禁饲养人员串猪舍。四是外来运猪车，需在主管部门备案，并经清洗、消毒及干燥后，方可前往养殖场出猪间（台）或中转站（台）。养殖场管理人员应当对车辆进行检查和消毒。五是饲料运送车，应停放在场区外，对车体和车轮进行消毒；卸下饲料后，由场内人员对饲料外包装表面消毒。有条件的，可建立饲料中转塔，饲料从场外直接输送到料塔。六是内部运猪车，要选择场内空间相对独立的地点进行车辆洗消和停放。运猪车使用完毕后立即到指定地点清洗、消毒及干燥。

（5）强化生物安全管理。一是实行封闭饲养、全进全出，严格管控进出人员、车辆、物资和易感动物。散养户实行专人饲喂，禁止使用餐厨废弃物（包括自家泔水）喂猪、禁止贩运户进场入户买卖生猪、禁止社会游医走村串户违规行医、禁止饲料兽药经销人员进场入户营销。规模场实行场内分区管理，防止人员、物资、器具交叉；禁止使用餐厨废弃物（包括自家泔水）喂猪；采取杀灭蚊蝇蜱鼠、驱赶飞鸟、避免与野猪接触等阻断措施；鼓励建设出猪间（台）实行无接触交割，鼓励建设运输车辆洗消中心实行集中清洗消毒，鼓励开展非洲猪瘟自主检测。二是加强清洗消毒。人员、车辆、物资进出均要每次消毒。圈舍、活动场地及周边环境要定期消毒，其中：散养户至少每月消毒1次，全市集中消毒和高风险时段至少每周1次；规模场至少每周消毒2次。

（6）强化病死猪无害化处理。发现生猪死亡，要立即报告所在地乡镇农业服务中心（畜牧兽医站），并在其监督指导下按照《病死及病害动物无害化处理技术规范》（农医发〔2017〕25号）送交无害化处理收贮点或专业无害化处理企业进行集中无害化处理，或自主进行无害化处理。

（二）屠宰环节

（1）落实生猪入场查验。一是严格生猪入场。重庆市外调入要有《动物检疫合格证明》并经指定道口动物卫生监督检查站签章、动物调运备案单、非洲猪瘟检测报告、牲畜耳标；来自疫区全部解封省份、或疫情发生省份除疫区所在县以外地区，且取得《供渝生猪养殖企业登记表》或列入《供渝生猪及其产品生产企业登记名单》管理的生猪养殖企业。重庆市内跨区县调运要有《动物检疫合格证明》、动物调运备案单、牲畜耳标、车辆消毒凭证；来自非疫区所在区（县）。区县内调运要有《动物检疫合格证明》、牲畜耳标、车辆消毒凭证；来自非疫区。入场生猪不得分销出场；严禁来源不明、手续不全、临床检查不健康的生猪入场。二是及时处置异常情况。发现具有非洲猪瘟临床症状的病猪时，应立即采集血液样品进行实验室检测，检测阴性且不是其他重大动物疫病、人畜共患病的，方可准许入场；非洲猪瘟核酸检测阳性的，应立即报告驻场官方兽医，按照《非洲猪瘟疫情应急预案》要求进行处理；属其他重大动物疫病、人畜共患病的，按照相关要求进行处理。

（2）落实清洗消毒。一是场区环境消毒。每日生产结束后，应对场区环境进行清洗消毒，去除生活垃圾，及时喷洒消毒液。二是卸猪区域清洗消毒。每辆运猪车卸猪后，应及时清理卸猪台及该车辆停靠位置的粪便、污物，经清洗消毒干净后方可允许下一车辆停靠，严防运猪车辆沾染污物驶出。三是待宰圈清洗消毒。待宰圈每次使用后，应及时清除圈内的垃圾、粪污，清洗墙面、地面、顶棚、通风口、门口、电源开关及水管等设备设施。对圈内所有表面进行喷洒消毒，喷洒范围包括墙面、地面或床面、饮水器、猪栏、通风口及各种用具及粪沟等，确保不留消毒死角。四是生产车间清洗消毒。生产车间每日生产结束后，应全面清洗、消毒1次。地面、墙壁、排水沟等，应用清水冲刷；设备、工器具、操作台、屠宰线，以及经常接触产品的物品表面，应先用清洁剂擦拭，再用热水冲洗，确保有效清洗效果。五是冷库清洗消毒。消毒前先将库内的物品全部清空，升高温度，清除地面、墙壁、顶板上的污物和排管上的冰霜。有霉菌生长的地方，应用刮刀或刷子仔细清除。六是人员消毒。进入生产车间前，应踩消毒池以能淹没过脚踝高度为佳，擦拭或浸泡消毒手部，更换工作衣帽。生产过程中，处理被污染物品后或离开生产车间再次返回的，必须重新洗手、消毒后方可返回。生产结束后，应将工器具放入指定地点，更换工作衣帽，双手及鞋靴清洗消毒后，方可离开。

（3）落实无害化处理。一是病害生猪及产品、废弃物的处理。对屠宰加工过程中产生的废弃物，屠宰前确认的病害生猪、屠宰过程中经检疫或肉品品质检验确认为不可食用的生猪产品、召回生猪产品，以及其他应当进行无害化处理的生猪及其产品，应按照《病死及病害动物无害化处理技术规范》的要求，及时进行无害化处理。二是污水、污物的处理。应配备与屠宰规模相适应的废气收集排放系统，污水、污物处理系统和设施设备，并保持良好的工作状态。屠宰环节产生的污水，均应通过管道运至污水处理设施进行处理，达到环保要求后排放。三是医疗废弃物的处理。检测实验室等产生的注射器、针头等医疗垃圾，应放入有固定材料制成的防刺破的安全收集容器内，按照国家有关技术规范进行处置，或交专业机构统一收集处理。四是生活垃圾的处理。应设置垃圾固定收集点，明确标识，分类放置。垃圾收集、贮存、运输及处置等过程中，须防扬散、流失及渗漏。

（4）落实生产记录和疫情报告。建立生猪屠宰检疫申报、生猪入场查验登记、贩运人员备案管理、待宰静养、肉品品质检验、"瘦肉精"等风险物质检测、动物疫情报告、生猪产品追溯、清洗消毒、无害化处理、食品加工助剂和化学品使用管理、应急管理等生猪屠宰质量管理制度，并做好相应记录。发现疑似非洲猪瘟或异常死亡的，立即向当地兽医部门报告。

（5）落实驻场官方兽医和非洲猪瘟检测。一是足额派驻官方兽医。进入屠宰企业的驻场官方兽医，近7天内不应去过非洲猪瘟高风险场所；要掌握企业基本情况，确保对企业实施非洲猪瘟自检监督到位；离开屠宰企业时，未经淋浴、更衣和有效消毒，7天内不应去往生猪养殖、交易等场所。二是参考《非洲猪瘟自检实验室建设运行规范》的要求，建设非洲猪瘟检测实验室，配备相关设施设备和检测、防护等用品。

（三）流通环节

（1）生猪收购贩运人员。一是主动登记。通过微信小程序"牧运通"，如实登记单位名称或个人姓名、营业执照或身份证、单位地址或家庭住址、联系方式等基础信息。二是主动备案。及时向所在地的县级畜牧兽医主管部门备案，按照农业农村部有关规定如实提供现场审核材料原件及复印件。三是凭检疫合格证明调运生猪。承运人通过公路运输生猪的，应当使用已经备案的生猪运输车辆，并严格按照动物检疫证明载明的目的地、数量等内容承运生猪；未提供动物检疫证明的，承运人不得承运。四是做好生猪调运记录。建立健全贩运、收购台账，将每次贩运生猪的数量、耳标号码、运输车辆信息、购销地点、养殖场户名称、销售去向及检疫证明号等逐项登记。相关信息记录保存一年以上。五是合理规划运输路径。尽可能避开养殖密集区、无害化处理场所等高风险地区；在装载前和卸载后，及时对运输车辆进行清洗、消毒；详细记录检疫证明号码、生猪数量、运载时间、启运地点、到达地点、运载路径、车辆清洗、消毒，以及运输过程中染疫、病死、死因不明生猪处置等情况。六是发现疑似非洲猪瘟或异常死亡的，要立即向当地兽医部门报告。在贩运和运输过程中如发现生猪精神异常、发病或死亡等异常情况时，要立即向当地畜牧兽医主管部门报告，严格按有关规定进行处置，不得销售或随意抛弃。

（2）生猪运输车辆。一是运输车辆。取得《生猪运输车辆备案表》并随车携带，车厢厢壁及底部耐腐蚀、防渗漏；并配有简易清洗、消毒设备。鼓励使用专业化、标准化、集装化的运输工具。跨省、自治区、直辖市运输生猪的车辆，以及发生疫情省份及其相邻省份内跨县调运生猪的车辆，按要求应当配备车辆定位跟踪装置。二是清洗消毒。严格对车辆实施装前卸后清洗消毒；装运生猪前，承运人必须出示最近一次的消毒凭证（由官方兽医回收），并经二次清洗消毒和取得消毒凭证后，方可再次装运。三是信息管理。运输车辆应当配备车辆定位跟踪系统，相关信息记录保存半年以上。

（3）生猪调运条件。市外调入要有《动物检疫合格证明》并经指定道口动物卫生监督检查站签章、动物调运备案单、非洲猪瘟检测报告、牲畜耳标；来自疫区全部解封省份、疫情发生省份除疫区所在县以外地区，且取得《供渝生猪养殖企业登记表》或列入《供渝生猪及其产品生产企业登记名单》管理的生猪养殖企业。跨区县调运要有《动物检疫合格证明》、牲畜耳标、动物调运备案单，来自非疫区所在县。区县内调运要有《动物检疫合格证明》、牲畜耳标，且为非疫区。调出重庆市的生猪，依照调入省有关规定执行。

（四）无害化处理环节

（1）无害化处理场。一是处理工艺技术应符合《病死及病害动物无害化处理技术规范》（农医发〔2017〕25号）要求。废水、废气收集处理应符合环保要求。二是办公生活区、缓冲区及生产区布局合理，污道、净道相互分离并防止交叉污染，并设置相应的车辆、人员消毒通道。三是建立病死动物入场登记、处理，收运车辆管理、设施设备运行管理、人员管理、无害化处理产物生产销售登记等制度。四是加强清洗消毒。每次无害化处理结束后，应对污区（不含冷库）地面、墙面及相关工具、设施设备及循环使用的防护用品进行全面清洗消毒，对一次性防护用品统一回收后做无害化处理，并擦拭电源开关、门把手等易污染部位。必要时，还应对空气循环设施设备进行消毒处理。工作人员淋浴并更换洁净衣物后方可离开。五是定期开展污染风险监测，在不同生产环节采集样品，送当地动物疫病预防控制机构或有资质的实验室检测，并根据检测结果，及时开展生物安全风险评估，优化内部管理质量体系，完善风险防控措施。

（2）病死畜禽收贮点。一是收贮点应当配备高压冲洗机、喷雾消毒机等消毒设备，以及消毒池或消毒垫等设施。有条件的，应在出入口设置人员及车辆消毒通道。二是收贮点应当配备与暂存规模相适应的冷库及相关冷藏设施设备。相关设施应设置明显的警示标识。三是收贮点应配备专人管理，建立病死动物受理登记、转运、清洗消毒、人员防护管理等制度。四是养殖场自行设立的收贮点，应禁止外部收运车辆进入生猪饲养区内。五是收贮点在运行期间，一般每日应对外环境进行1次全面消毒。冷藏设施设备应定期彻底消毒。收运车辆到达和离开收贮点时，均应做好轮胎和车辆外表面的清洗消毒工作。

（3）病死畜禽收集转运。一是收集腐烂、破败、渗水的病死畜禽在送交处理前应进行包装，防水、防渗、防破损。二是转运车辆应选择符合《医疗废物转运车技术要求》（GB 19217）条件的车辆或专用封闭厢式运载车辆。三是收运车辆在收贮点完成收集任务后，应及时对收运车辆、停靠区域进行清洗消毒。

第五节 "后非洲猪瘟时代"生猪复养技术

（一）复养原则

（1）严格前期评估。复养前，针对非洲猪瘟等动物疫病流行病学特点，结合养殖场点情况和周边环境情况，进行全面评估，查找本场生物安全漏洞，改造设施设备，健全生物安全和饲养管理制度。

（2）坚持防疫优先。要将防疫作为复养的优先考量，全面彻底对生产区、生活区、场区外道路等清洗消毒；严格人员、进场物品、饲料、车辆、病死动物等管理；制定并实施适合本场的免疫计划，定期开展动物疫病检测。

（3）做到全进全出。猪群实行批次化生产管理，控制饲养密度，按计划全进全出，空栏期进行彻底清洗、消毒、干燥。

（二）生猪复养关键技术

（1）制定复养计划。根据非洲猪瘟等动物疫病传入途径和疫情传播风险，从车辆、人员、物流管理等方面评估本场硬件设施，从构建起防疫闭环管理方面评估本场管理制度，制定改造本场硬件设施计划，完善管理制度。

（2）优化整体布局。场内做到生产区与生活区分开、净道与污道分开，硬化养殖场路面和栋舍地面，在养殖场周边设置隔离区防止外来动物进入场内。各生产单元相对隔离，独立管理。兽医室、隔离舍处于下风口和场区最低处。完善门口消毒设施、排污管网、饲料存放设施、出猪设施、病死猪无害化处理设施。配备场内专用车辆。

（3）全面清洗消毒。生产区（生猪饲养栋舍、死猪暂存间、饲料生产及存放间、出猪间/台、场区道路等）、生活区（办公室、食堂、宿舍、更衣室、淋浴间等）、场内车辆和场区外道路等，应全面彻底清洗消毒。按照从里到外，即由猪舍内到猪舍外、生活区再到场区外的顺序，渐次消毒，防止交叉、反复污染。完成清洗消毒后，采集场内和车辆卫生死角环境拭子样品进行非洲猪瘟检测。

（4）合理安排人员。根据复养计划，合理安排恢复生产人员，明确各岗位职责、具体操作规程，制定考核标准。定期进行系统的饲养管理和生物安全培训、考核，确保所有人员都熟悉生产规定和生物安全准则，自觉遵守管理制度。

（5）严格场内管理。养殖场实行封闭式管理，禁止外来人员进入养殖场特别是生产区。进入场内的物品须严格消毒。严格禁止外来的猪肉及其制品进场，全面禁止使用自家或外购餐厨废弃物（泔水）饲喂生猪。猪群实行批次化生产管理，分群隔离饲养，控制饲养密度，按栋舍全进全出。通过专用出猪设施销售生猪。场内病死猪严格按规定进行无害化处理。

（6）定期开展检测。适时采集场内各舍生猪血清样品进行免疫病种的免疫抗体检测，对免疫抗体不达标的圈舍及时开展补免。定期采集猪舍、场内环境和车辆拭子样品进行非洲猪瘟病原学检测，采集生猪血清样品进行非洲猪瘟抗体检测，及时发现和消除隐患。

（三）推进生猪复养行动

（1）广泛开展宣传。充分利用短信、微信、广播、电视等多种媒介，通过召开会议、印发资料、张贴宣传标语、微信宣传、召开村组会多种形式，对生猪复养技术进行广泛宣传。

（2）进行集中培训。制定复养技术指南，对养殖场（户）业主和技术人员进行集中培训，全面系统讲解生猪复养技术，面对面答疑解惑，提高养殖者复养技术水平。邀请取得复养成效的养殖场（户）现场讲解复养经验，增强养殖者复养信心。

（3）下沉技术指导。采取"一场（户）一策"下沉指导复养，协助养殖场（户）完善场内布局、健全管理制度。跟踪复养工作开展情况，及时帮助解决技术问题。

（4）开展技术推广。培育一批复养成功典型养殖场（户），大力宣传生猪复养工作进展和成效，扩大社会影响，营造良好氛围，以点带面扩大复养成果。

第六节　对策建议

（一）加大财政支持力度

制定支持现代畜牧业高质量发展的财政倾斜政策，建立长期稳定的财政支持投入机制。严格落实能繁母猪一次性临时救助补贴政策。继续实施生猪调出大县奖励政策。通过政府购买服务方式支持动物防疫社会化服务。落实生猪规模养殖、屠宰加工等环节用水、用电优惠政策。增加财政对动物疫病防控工作经费投入，加大对非洲猪瘟无疫小区、兽医实验室、动物卫生监督检查站、畜禽屠宰厂标准化建设等资金支持力度。根据畜禽市场价格，建立强制扑杀、无害化处理补助经费标准动态调整机制。

（二）落实土地利用政策

严格执行规模化畜禽养殖用地按农业用地管理的规定，对规模化生猪养殖破坏耕作层的，按农业设施建设用地管理。开展生猪规模化养殖用地论证，将规模化生猪养殖用地纳入国土空间规划。优化调整楼房式猪舍层数及附属设施用地标准。合理调控生猪规模化场辅助设施用地规模，优化用地备案程序，简化用地备案资料，提高用地效率。

（三）支持成立重庆市生猪产业联盟

依托重庆市畜牧业协会，本着"政府引导、龙头主导、平台引领、资源共享"的原则，立足农牧，串联重庆的饲料、兽药、养猪、疫苗、屠宰、畜牧设备及环保等企业，整合生猪养殖产业的上中下游，成立重庆市生猪养殖产业联盟，实现资源共享，合作共赢，同时为政府配置资源市场化提供基础平台和有力抓手。

（四）建立猪肉消费指标财政采购制度

建立"重庆市猪肉消费基金"，实行"畜票"交易，专项用于补助生猪生产。由重庆市农业农村委统筹各区县生猪生产和消费指标，把猪肉生产与猪肉消费总量挂钩，以生产量、消费量平衡者为基础，划分为猪肉产消正平衡区县（产大于消）、自平衡区县（产消平衡）、负平衡区县（产小于消）等3类，凡是负平衡区县，由区县财政安排专项资金采购猪肉指标，进入"重庆市猪肉消费基金"库，全部补贴正平衡区县，实行区县之间生猪指标采购。

（五）推广盘活闲置猪场可操作模式

鉴于非洲猪瘟疫情反复不断，一些中小规模猪场，特别是农户养猪场，"中招"的概率较大。一旦"中招"，就严重打击养殖场户的生产积极性，对"复养"基本失去信心，猪场大量闲置。重庆市畜牧业协会充分发挥会员企业有技术、有团队、有物资、有经验的"四有"优势，培养生猪复养领军龙头企业，以"公司+家庭农场"合作模式开展生猪复养，取得成功。如大北农集团，在重庆市率先以"技术全程服务+投入品供应"方式开展家庭农场生猪复养，四川民生药业重庆公司推出的"猪场疾病防控系统服务"模式，对猪场开展生产、健康管理技术全程服务，取得显著的经济效益和社会效益。建议行业主管部门积极推广。

第二章
重庆市外来物种入侵综合防控机制研究

生物安全是人类赖以生存和发展的基础,也是经济发展和国家强盛的重要保障。党的十八大以来,以习近平同志为核心的党中央高度重视生物安全工作,把生物安全纳入国家安全体系。习近平总书记多次对外来物种入侵防控工作作出重要指示批示,明确指出要加强生物安全管理,防治外来物种侵害。当前,外来物种入侵愈演愈烈并已发展成全球生物安全中的重大问题,也是世界性难题,我国外来物种入侵态势严峻,已经对国内生物安全造成了严重影响,并显著影响我国经济安全、资源安全和生态安全。长江是中华民族的母亲河,是我国重要的生物基因宝库,重庆既是长江上游的经济中心,也是长江上游生态屏障的最后一道关口,对确保长江流域生态安全、支撑长江经济带发展具有独特而重要的作用。加快构建重庆外来物种入侵综合防控机制,遏制外来物种快速入侵发展势头,对保护长江流域生物安全具有重要意义。

第一节 外来物种入侵对产业发展的危害

(一)外来物种入侵的概念及基本特征

外来物种是指出现在其过去或现在的自然分布围及扩散潜力以外(即在其自然分布范围以外或在没有直接或间接引入或人类照顾之下而不能存在)的物种、亚种或以下的分类单元,包括其所有可能存活、继而繁殖的部分、配子或繁殖体。外来物种入侵是指非本地的物种引进后所导致的对本地生态环境、生物多样性乃至人们身体健康等造成的危害。外来物种入侵一般具有以下特征：①入侵多由人类有意或无意的行为引起，侵入和扩散的途径及其危害形式复杂多样，通常难以防范。②入侵具有一定的隐蔽性。往往一开始很难发觉，一旦入侵成功就会在短时间内形成大规模爆发之势，此时极难防范和控制，具有突发性。③入侵的过程通常包括引入和逃逸期、种群建立期、停滞（或潜伏）期和扩散期等四个阶段。④入侵的范围十分广泛，几乎涉及所有生态系统。⑤入侵危害的后果具有不可逆性，事先通常难以预料和估量，事后也很难、甚至根本无法控制、清除，预防和控制的成本极为高昂。⑥入侵具有选择性或具备某种前提条件。一地的生态系统保持良好和完整情况下，外来物种就不容易入侵；反之，当地的自然生态系统人为破坏严重或物种比较单一的情况下，外来物种入侵成功率就较高。

外来物种入侵与外来物种引进既有联系，又有本质的区别。任何生物种，总是先形成于某一特定地点，随后通过迁移或引入，逐渐适应迁移地或引入地的自然生存环境并逐渐扩大其生存范围，这一过程即被称为外来物种的引进（简称引种）。正确的引种会增加引种地区生物的多样性，极大丰富人们的物质生活，如美国于20世纪初从我国引种大豆，使美国成为大豆的最大生产和出口国。我国的甘薯、马铃薯、芒果、桉树等很多物种也非我国原产，也是历经好几百年陆续被引入我国的重要物种。相反，不适当的引种则会使得缺乏自然天敌的外来物种迅速繁殖，并抢夺其他生物的生存空间，进而导致生态失衡及其他本地物种的减少和灭绝，严重危及当地的生态安全，这种物种引进即被称为"外来物种的入侵"。由此，这种对本地生态环境造成严重危害的外来物种即被称为"入侵物种"。所以"入侵物种"不等同于"外来物种"，特指的是有害的外来物种。当然，随着气候环境等因素的变化，某些在引进后相对一段时期不具有危害性的物种有可能逐渐转为"入侵种"，比如，20世纪70年代从英国引进的互花米草，原用于沿海保滩护堤、保淤造陆，但已被列入全球100种最有危害的外来物种和中国外来物种入侵名单。

（二）外来物种入侵主要渠道

总体来看，外来物种入侵主要有3个渠道：自然入侵、无意引入、有意引入。

（1）自然入侵。通过风媒、水体流动或由昆虫、鸟类的传带，使植物种子，或动物幼虫、卵，微生物发生自然迁移而造成生物危害所引起的外来物种入侵。如紫茎泽兰、微甘菊以及美洲斑潜蝇都主要以自然因素而进入我国。

（2）无意引入。人为引进的，但在主观上并没有引进的意图，而是伴随着进出口贸易，通过海轮或入境旅游在无意间被引入的。货物的进出口是外来物种进入我国的重要渠道。如"松材线虫"就是我国贸易商在进口设备时随着木材制的包装箱带进来的。航行在世界海域的海轮，其数百万吨的压舱水的释放也成为水生生物无意引进的一种主要渠道。此外，入境旅客携带的果蔬肉类甚至旅客的鞋底也是外来物种无意入侵的重要途径。

（3）有意引入。出于发展农业、林业和渔业的需要，往往会有意识引进优良的动植物品种，但由于缺乏全面综合的风险评估制度，盲目引种可能造成的危害不可忽视，最典型的例子是水葫芦。20世纪70年代，中国将产于南美洲的水葫芦作为猪饲料引进，如今水葫芦已遍布全国的河湖水塘。全世界大多数的有害生物都是通过这种渠道而被引入世界各国的，有意引入成为外来物种入侵的最主要渠道。

（三）全国及重庆外来物种入侵现状

1. 全国外来物种入侵现状

在全球经济一体化和国际贸易日益频繁的背景下，我国外来物种入侵压力持续加大，防控形势严峻。

一是侵害途径日益多样化。我国幅员辽阔，与14个国家接壤，周边国家有害物种种类多且多为疫源地，东亚季风、南亚季风等为外来病虫和杂草种子跨境迁飞扩散提供了便利条件，草地贪夜蛾等物种通过自然途径侵害我国的频率与风险明显增加。同时，随着对外贸易与人员往来日益频繁，我国进出境和过境的货物量、邮寄物与人流量急剧增多，外来有害生物随动植物产品、包装物、邮寄物等无意传入进而造成危害的情况日益增多。此外，非法引入饲养"异宠"、违法违规放生等新情况不断出现，加大了外来有害物种侵害风险。

二是外来入侵物种种类增多。根据专家评估结果，我国已发现660多种外来入侵物种，近10年新增入侵物种55种，与20世纪90年代前相比，新增入侵物种频率明显增加。截至2020年，全国已有71种对自然生态系统已造成或具有潜在威胁并被列入《中国外来入侵物种名单》，219种已入侵国家级自然保护区。目前，全国各省份均有外来物种入侵，经济发达地区、沿海和边境省份较多。同时，外来入侵物种对农田、森林、草原、湿地、河流等多种生态系统造成危害，其中农业是受危害最严重的领域之一，八成以上的外来入侵物种出现在农田等人为干扰频繁的生境。比如，危害农作物生产的草地贪夜蛾、番茄潜叶蛾、梨火疫病菌等外来入侵病虫害；危害渔业生态系统的鳄雀鳝、齐氏罗非鱼、清道夫等外来入侵水生动物；危害农业生态环境的微甘菊、普通豚草、加拿大一枝黄花等外来入侵植物。

三是根除难度较大。外来入侵物种自身生长繁殖能力极强，其入侵过程一般需要经过传入、定殖、潜伏、扩散、暴发五个阶段，在定殖前及时监测发现和迅速灭除，防控效果最好，而一旦定殖形成种群，根除难度非常大。此外，受环境变化、药物使用等因素影响，有些外来入侵物种产生了新的生理小种、抗药性基因型等，制约了治理效果，如入侵我国的西花蓟马已对多种常用化学杀虫剂产生抗药性。

2. 重庆外来物种入侵现状

近年来，重庆辖区外来入侵物种逐年向种类更多、范围更广、危害更严重、突发事件更频繁的方向发展。据调查统计，全市已发现的农业外来入侵物种222种，其中包括空心莲子草、紫茎泽兰等165种入侵植物，福寿螺、巴西龟等6种入侵动物，稻水象甲、草地贪夜蛾等35种入侵昆虫，马铃薯晚疫病菌、猕猴桃细菌性溃疡病菌17种入侵病原微生物，入侵范围涵盖了农业、林业、草原、湿地、城市绿地等各类生态系统，入侵范围广泛。农业生态系统遭受空心莲子草危害面积达13万公顷，森林生态系统松材线虫危害面积达13.3万公顷，水田湿地生态系统福寿螺发生面积超过20万公顷，果园柑橘实蝇危害超过2万公顷，稻田生态系统稻水象甲危害面积超过2.7万公顷，水田湿地等区域克氏原螯虾发生面积1.3万公顷。

（四）外来物种入侵造成的危害

虽然世界各国历史上有着大量十分成功的外来物种引进事例，极大地丰富了各国人民的物质生活，但是不慎引种或者其他原因所导致的外来物种入侵目前正在给各国带来十分严重的生态灾难和巨大的经济损失。

（1）对生态环境的影响。外来物种通过竞争而排挤本地物种，侵占本地物种的生存空间，造成本地物种濒危或者死亡，严重破坏本地生物多样性，对本地区自然生态系统稳定的平衡结构造成影响，破坏当地的生态平衡，改变和破坏当地的自然景观。在我国，加拿大一枝黄花、水葫芦、大米草等入侵物种都严重地破坏了当地的生态环境。外来物种入侵已成为一种全球范围的生态家现象，并逐渐成为导致生物多样性丧失、物种灭绝的重要原因。比如，起源于东亚的"荷兰榆树病"曾入侵欧洲，并于1910年和1970年两次引起欧洲大多数国家的榆树死亡。

（2）对农业生产和经济的影响。外来入侵物种通常会造成农林产品的产值和品质下降，增加生产成本，带来直接或间接的经济危害。对于任何一个国家而言，想要彻底根除已入侵成功的外来物种是相当困难的，实际上，仅仅是用于控制其蔓延的治理费用就相当昂贵。在英国，为了控制12种最具危险性的外来入侵物种，1989—1992年，仅除草剂就花费3.44亿美元，而美国每年为控制"凤眼莲"的繁殖蔓延需要花费300万美元。在我国，每年打捞水葫芦的费用就多达5亿~10亿元，因水葫芦造成的直接经济损失也接近100亿元。据农业农村部统计，我国每年外来物种入侵造成的直接经济损失高达1 200亿元。据有关专家统计测算，在世界自然保护联盟公布的最具危害性的100种外来入侵物种中，我国已发现50多种，其中危害最严重的有11种，这11种外来入侵物种每年给我国造成大约600亿元的损失。

（3）对人类健康的影响。大量传染性疾病、许多威胁人类健康的有害病毒多是直接或间接地通过外来物种带来的或引起的。例如，40年前传入我国的豚草，其花粉导致的"枯草热"会对人体健康造成极大的危害。每到花粉飘散的7—9月，体质过敏者便会发生哮喘、打喷嚏、流鼻涕等症状，甚至会导致其他并发症的产生而死亡。

第二节　外来物种入侵防控国际合作及世界各国防控策略

外来物种入侵造成的生态破坏和物种灭绝已引起了国际社会的普遍关注，越来越多的国家逐渐意识到单靠一国的力量根本无法阻挡外来物种的肆意入侵，亟须加强国际合作，许多国家通过签订国际条约和地区性协议等推动同防共治。

（一）国际条约与合作

1982年，为抵御海洋外来物种入侵，《联合国海洋公约》明确规定，各国必须采取一切必要措施以防止、减少和控制由于故意或偶然在海洋环境某一特定部分引进外来的新物种致使海洋环境可能发生重大和有害的变化。1992年，在巴西里约热内卢召开的世界环境与发展大会上，与会各国签署了"国际生物多样性公约"（包括中国），这是有关生物安全的一个最重要的全球性公约，是唯一涵盖了入侵物种涉及所有内容的条约。比如，第8条明确规定："必须预防和控制外来入侵物种对生物多样性的影响。"与控制外来物种密切相关的两个国际规则：SPS协议（即《实施卫生与植物卫生措施协定》）以及TBT协议（即《贸易技术壁垒协议》）也都明确规定，在有充分科学依据的情况下为保护生产安全和国家安全，可以设置一些技术壁垒，以阻止有害生物的入侵。此外，《国际植物保护公约》《国际重要湿地特别是水禽栖息地公约》等国际性条约也都包含外来物种防控相关内容。地区性协议包括欧洲和地中海协议、亚洲太平洋协议、加勒比海协议、北美协议、南美协议和非洲协议。作为多边贸易体系的WTO通过《实施卫生与植物卫生措施协定》制订有约束力的原则和规定，要求国家措施尽可能地遵循国际标准。

总的来看，虽然许多公约在一定程度上还缺乏约束力，各国在检疫标准的制定上还存在着一些差距和矛盾，但这些文件仍在一定范围发挥着日益重要的作用，国际海事组织、世界卫生组织、联合国粮农组织也正在更加积极致力于加强防治外来物种入侵的国际合作。

（二）部分国家外来物种入侵防控策略经验

世界上一些主要发达国家为了保护本国的生态安全都相继制定了有关预防和控制外来物种入侵的法律、法规，一些策略值得借鉴。

（1）美国。作为世界上遭受外来物种入侵最严重的国家之一，美国政府早在20世纪90年代初期就展开了相应的立法工作，以联邦层面的立法为主。比如：1931年《动物致害控制法》、1944年《有机物管理法》、1970年《国家环境政策法》、1973年《濒危物种保护法》、1974年《联邦有害杂草法》、1990年《外来有害水生生物预防与控制法》、1992年《外来物种预防与实施法》、1996年《国家外来物种法》、1999年《第13122号行政命令》、2000年《植物保护法》、2004年《有害杂草控制和清除法》、2006年《五大湖地区鱼类和野生生物恢复法》等。1999年1月首届海洋生物入侵国际会议在美国麻省理工学院如期举行后，成立跨部门的国家入侵物种委员会，该委员会与联邦、州、有关科学家、大学、航运业、环境机构和农场组织等不同单位共同合作，相互协助，开展工作，抵御外来入侵种。这些法律对外来入侵物种的预防、控制和管理等进行了规定，并建立了预防风险评估和源头控制、监测和早期预警、快速反应、控制清除和恢复、信息公开和公众参与等一系列制度，起到了重要作用。

（2）澳大利亚。澳大利亚因其特殊的地理位置，防治外来物种入侵重点在两个方面：一是如何防治对农业、林业造成严重影响的220多种有害杂草；二是如何解除通过轮船压舱水携带的海洋外来物种入侵的威胁。基于此，1996年，澳大利亚首先从总体上制定了《澳大利亚生物多样性保护国家策略》，旨在通过制定各种环境影响评价计划以及建立防治有害外来物种的生物学和其他方法，最大限度地减小外来物种引进的风险。1997年《国家杂草策略》（1999年最新修订）主要规定了外来杂草管理的3个目标，并明确了政府、社区、土地所有者和土地使用者各自的义务、责任，最终提出相应的行动策略。针对杂草的引进，澳大利亚还建立了一套杂草风险评价系统（WRA），通过问题和评分标准的制定，对将有意引进的外来植物进行风险评价。为了防治海洋有害物种的入侵，澳大利亚检疫与检验局在1991年发布了世界上第一部强制执行的有关压舱水的规范性文件——《压舱水指南》（1999年最新修订），详细地规定了关于压舱水的排放、报告和检疫等方面的制度，要求所有进入澳大利亚水域的船只必须服从强制的压舱水管理。

（3）加拿大。加拿大制定了《引入及转移水生生物体国家法典》《植物保护法》《杂草种子法》《压舱水管理指南》《渔业法》《野生动植物保护及国际省际贸易法》等有关防控和管制外来物种入侵危害的法律法规，涉及引种的条件、风险评估、许可和登记等相关管理制度以及相应的国家数据库建设等。

（4）日本。2004年，通过了《外来入侵物种法案》。该法案共六章36条，旨在通过制定相关法规和采取必要措施来预防外来入侵物种对日本脆弱的生态系统造成的可能影响，对外来入侵物种的饲养、种植、储存、运输、进口或其他处理方式进行管制并采取必要措施。

（三）世界各国防控外来入侵物种取得的成功经验

近年来，世界各国在防控外来物种入侵方面做了大量的工作，积累了许多宝贵的经验。

（1）完善法律法规，为外来物种入侵防控提供根本的法制保障。各国各地区积极推动国际公约的签订和履行，积极推动全球和区域性协同防控，目前已通过了40多项国际公约、协议和指南，且有许多协议正在制定中。各国内部加强法律法规的制定，逐步完善法律体系，加强审批预防，增强国家管理能力。各国普遍采用这一措施，对渔业、农业、林业、园艺、海运（包括排放压载水）、陆地和空中运输、建筑项目、园林设计、水产养殖（包括观赏性养殖）、旅游业、宠物业以及动物养殖这些意外引进的常见渠道实行审批制度，减少外来有害生物入侵风险。2021年以来，我国相继出台了《中华人民共和国生物安全法》《外来入侵物种管理办法》等专项法律法规，从源头预防、监测预警、治理修复等方面构建全链条防控体系。

（2）严格口岸管控，堵死守紧守牢外来物种入侵主要通道。许多国家针对具有侵入性和可能变得具有侵入性的外来物种采取边界控制和检疫措施，严把国门，在引种管理、口岸防控、境内调运检疫、边境跟踪评估等环节加大监管力度，对于非法携带、寄送、走私等违法行为坚决打击，对于合法引进的严格落实审批检疫程序，尽可能减少外来物种的意外引进或未经授权的引进等方法，将外来有害生物堵截在国门之外。《中华人民共和国进出境动植物检疫法》《中华人民共和国国境卫生检疫法》及其实施细则等法规对涉及外来有害生物的进出境货物、人员携带物制定了相应的审批制度（许可证制度），如对进境植物种子、种苗及其他繁殖材料，必须事先按照相关规定办理检疫审批。

（3）强化监测评估，为高效防控外来物种入侵提供科学依据。许多国家已认识到在其管辖或控制范围内各种活动作为外来入侵物种的潜在来源而对其他国家可能构成的风险，因此尽可能采取措施减少这种风险，积极推动信息共享。为了及早发现新的外来入侵物种，许多国家开展了对外来入侵物种的研究和监测。1988年，由美国牵头，与加拿大、墨西哥三国建立了北美危险性林业外来有害生物信息数据库，收集整理了世界各国危险性森林病虫害的资料，为开展林业外来有害生物的检疫提供依据。我国2021年启动全国外来入侵物种普查，并作为全国法定普查，今后每10年开展一次，建立外来入侵物种数据库。各国通过《生物多样性公约》信息交换机制等方式来促进信息共享。

（4）推动科学灭除，积极遏制外来物种入侵传播势头。各国积极推动对本地化外来入侵物种采取消灭、遏制和控制，取得积极成效。在我国2003年"一省五县"外来入侵生物灭毒除害试点行动的基础上，2004年灭毒除害行动规模扩大到"十省百县"，防范对象扩大到紫茎泽兰、豚草、水花生、少花龙葵、稻水象甲五种外来入侵生物，全国每年在各省组织开展一次全国性示范灭除行动。近年来，重庆市在渝北、长寿、石柱等区县开展空心莲子草和福寿螺防治的绿色高效防控技术试验示范，有效提升"一种一策"精准治理与有效灭除能力。在璧山区龙飞村启动"中国农业可持续发展伙伴关系规划型项目"，建成30公顷防控核心示范区，项目已顺利通过中期评估。

（5）加强宣传引导，努力提升公众防控意识和参与度。外来入侵物种防控是一场人民战争，只有全社会共同参与才能取得防控成效。提高公众对外来物种入侵的防控意识和参与意识对成功地管理外来物种入侵至关重要，许多国家对公众积极开展外来有害生物侵入知识的宣传教育，提高公众防范意识，增强公众参与积极性。重庆市每年印发宣传资料1万余份，推出《让人"欢喜"让人忧的外来入侵物种科普系列（第一季）》。组织动员各级农业农村部门开展入户宣传，广泛发动人民群众参与外来物种入侵防控工作，取得一定成效。

第三节 当前重庆市外来物种入侵防控存在的问题

（一）思想上对外来物种入侵危害性的认识不足

尽管20世纪以来，我国在对无意引进外来有害生物的管理上不断加强，从1928年公布"农产物检查条例"到2021年《中华人民共和国生物安全法》和2022年《外来入侵物种管理办法》，外来物种入侵防控事业得到了长足发展。但个别单位和个人对外来物种可能造成的损失仍然缺乏足够的认识，尤其是在有意引进方面存在一定的盲目性和急功近利的思想，引进前未经过严格的科学论证，引进后又缺乏科学的管理，导致外来物种从栽培地、驯养场逃逸，演化成具有入侵性的物种，造成生态和环境危害。比如，马缨丹已列入《中国外来入侵植物名录》，但个别区（县、市）政部门将马缨丹作为城市绿色植物栽种。一些公众对外来物种的危害缺乏足够的认识，在旅游、贸易和运输活动中自觉不自觉地携带外来物种，帮助它们跨越自然屏障，成功入侵和定殖。比如近年来流行的"异宠"，还有大量放生的巴西龟等。

（二）应对外来物种入侵的地方法律法规操作性不强

2021年《中华人民共和国生物安全法》与2022年《外来入侵物种管理办法》的生效实施，为重庆市外来物种入侵防控管理提供了法律与管理方面的宏观保障。但如何从重庆市外来入侵物种防治的具体实际出发，完善与健全科学有效的外来入侵物种防控规章制度，对外来入侵物种源头预防、监测预警、治理修复等方面作出规定，构建全链条防控体系，以实现面上阻断新的外来物种入侵漏洞与点上加强已入侵外来物种的全链条防控治理，仍具有极大挑战。

（三）部门间配合和协调运作机制有待进一步完善

具有管理外来物种入侵职能的部门较多，既存在多头管理，也存在监管空白的现象。重庆市成立了外来入侵物种防控协调机制，由农业农村部门牵头，市规划和自然资源局、市生态环境局、重庆海关、市林业局、市城市管理局、市教委、市科技局、市财政局等市级相关部门为成员，定期召开协调会。但一些管理职能在基层落实仍然有一定难度，造成部门间分工不明、职责不清，行动不力，不利于外来入侵物种的有效和长效管理。比如城镇花店里的加拿大一枝黄花销售监管、宠物市场巴西龟的监管，由谁执行日常管理职能仍然没有明确。

（四）基础数据缺乏导致应对措施不足

长期以来，对外来物种入侵的监测调查不够，对外来物种成功入侵的原因和解决方法知之甚少，未形成外来物种入侵和定殖模型，对一些拟引进物种的利弊和风险评价缺乏科学、公正和客观的方法，对已入侵物种缺乏全方位的监测手段和设施，对农林危险入侵生物预防、控制与管理研究的积累整体上较落后，科学制订应对措施经验不足，技术储备少。

第四节　加强外来物种入侵防控机制建设对策建议

为应对重庆外来入侵物种入侵危害，借鉴国内外外来物种管理成功案例和经验，积极构建重庆市可持续的外来入侵物种长效防控机制，推动外来物种入侵全链条式防控。

（一）加快制定重庆市外来入侵物种防控管理实施细则

2022年6月17日，农业农村部、自然资源部、生态环境部、海关总署联合发布的《外来入侵物种管理办法》，为地方外来入侵物种管理提供了根本遵循。重庆市市级层面应结合全市外来物种入侵种类、主要途径，制定细化实施细则。涵盖从引种、监测预警、防控灭除、科技支撑、科普教育与公众参与等全链条各环节，各级政府、主管部门、相关企事业单位、生产合作社和个人的防控职责，推动不同区域、部门和单位协作，信息资源共享，形成较为完善的重庆市外来入侵物种管理法规制度体系框架，从而全面提高重庆市外来入侵物种管理能力和防治水平。

（二）建立外来物种引进风险评估机制

外来物种风险评估制度就是力争在第一时间、第一地区将危害性较大的生物坚决拒之门外，是首要的源头管控措施。建立外来物种入侵风险指数评估体系，即根据其遗传特性、繁殖和扩散能力及其生物学特征，开展引种前的风险评估。建立引进生物品种跟踪监测制度，定期对其生长繁殖情况进行监测，掌握其生存发展动态，建立对外来物种的跟踪监测制度，一旦发现问题，及时解决。

（三）建立完善外来入侵物种监测预警机制

以口岸、中转码头、机场、车站、港口等及周边区域、长江及其支流沿岸生态过渡区为重点，建立定点监测点，开展常态化监测，构建全市外来入侵物种监测网络，及时掌握外来物种入侵种类、发生规模、传播速度以及生态影响等，科学分析研判外来入侵物种发生、扩散趋势，及时发布预警预报，指导开展防控。结合监测预警，及时更新修订市级外来入侵物种目录并向社会公布。

（四）健全外来入侵物种防控协调机制

加强职能部门协调，在现有的外来入侵物种防控市级协调机制基础上，进一步厘清农业农村、生态环境、海关、市场监管等部门职责，合理划分各部门管理权限范围和责任清单。定期开展联合会商，保障信息互通互享，推进各部门间资源信息共享和成果分享。落实属地管理，进一步落实基层属地管理职责，明确基层政府和部门工作重点，明确地方政府在调查监测、信息发布、预警处置、部门协调的主体责任，构建业务部门监管指导、属地落实的工作机制。

（五）构建多方参与的外来物种入侵科研机制

有效的研判和防控离不开科学的数据支撑。外来物种入侵途径广、周期长，生态影响潜伏期长。组织市内科研院校、技术推广部门和农业经营主体，发挥各自的优势，加强基础数据收集和研究。建立大数据综合平台，搭建农业生态系统、林草生态系统、湿地生态系统、城市绿地生态系统等入侵物种模块平台，实现数据共建共享，探索以数字化管理技术为支撑的"城乡统筹、协调共治"新模式。

（六）完善外来物种入侵防控公众参与机制

外来物种入侵的防治工作是全社会的工作，只有公众广泛参与，才能取得成效。应当把对公众的宣传教育放在首要位置。要通过多种方式和途径向公众开展外来入侵生物种类识别、入侵危害、防治措施的科普教育与法治宣传，做好生物安全法、外来入侵物种管理办法、重点管理物种名录解读，有效提高公众的风险防范意识和生态文明素养，使每个人都意识到控制外来物种入侵的重要性和紧迫性，自觉抵制非法引进、释放或者丢弃外来物种等行为。要聚焦重点人群，如农户、新型农业经营主体、乡镇基层干部和在校大中小学生等，组织科普技术、人才、服务进基层、进社区、进学校、进集市，提高基层一线人员的外来入侵物种识别及防控技术能力。特别是要在广大青少年心中种下维护生物安全的种子，起到"教育一个学生，带动一个家庭，影响整个社会"的作用，为建设人与自然和谐共生的现代化汇聚全民力量。

第三章 "双碳"背景下重庆市现代生态农业发展研究

第一节 研究背景

(一)建设农业强国

习近平总书记在党的二十大报告中强调,加快建设农业强国。这是党中央立足全面建设社会主义现代化国家、着眼统筹"两个大局"作出的重大决策部署,明确了新时代新征程农业农村现代化的主攻方向,提出了全面推进乡村振兴的重大任务。农业强国的特征,包括农业发展基础强、农业产业韧性强、科技创新能力强、农产品供给保障强、农产品国际竞争力强、在全球农业领域的话语权重、农业从业者收入水平高、农业绿色发展水平高等8个方面,其中:农业绿色发展水平高对推进农业绿色发展全过程转型提出了高要求。因此,重庆现代农业发展,在节约资源和保护环境、农业资源保护、农业面源污染治理、农业废弃物资源化利用、农业生态系统保护修复等方面的任务十分艰巨。

(二)碳达峰碳中和

高质量发展是全面建设社会主义现代化国家的首要任务。通过碳达峰、碳中和,形成绿色经济新动能和可持续增长极,提升经济社会发展质量效益,是中国式现代化的本质特征。党的十八大以来,以习近平同志为核心的党中央高度重视生态文明建设,提出一系列新理念新思想新战略新要求,形成习近平生态文明思想，指导我国生态环境保护发生历史性、转折性、全局性变化。因此，持续推进碳达峰碳中和，坚定不移走生态优先、绿色低碳的高质量发展道路，加快形成资源节约和环境友好的现代生态农业产业结构、生产方式和空间格局，是现代农业发展的必由之路。

（三）粮食安全

粮食安全是我国的基本国策。党的十八大以来，习近平总书记高度重视粮食安全，强调要牢牢把住粮食安全主动权，粮食生产年年要抓紧。未来一个时期，随着我国经济高质量发展和城镇化推进，粮食等重要农产品需求仍呈刚性增长态势。特别是在地缘政治冲突加剧的背景下，保障国家粮食安全压力更大、任务更重。因此，现代生态农业发展，必须着眼深入实施"藏粮于地、藏粮于技"战略，确保把中国人的饭碗牢牢端在自己手中。

（四）农产品质量安全

农产品质量安全关系到人民群众的身体健康和国家经济发展。农产品质量安全，事关民生福祉和党的执政基础，不仅是经济问题、民生问题、社会问题，更是一个严肃的政治问题。习近平总书记在2020年中央农村工作会议上强调，要坚持用大历史观来看待农业、农村、农民问题，牢牢把住粮食安全主动权，既要保数量，也要保多样、保质量，推动品种培优、品质提升、品牌打造和标准化生产。因此，现代生态农业发展，必须把农产品质量安全放在更加突出的位置，确保农产品质量安全。

第二节 重庆市现代农业经济发展现状

（一）发展概况

重庆位于中国西南部，长江上游，东经105°17′~110°11′、北纬28°10′~32°13′之间的青藏高原与长江中下游平原的过渡地带。全市东西长470千米，南北宽450千米，总面积8.24万平方千米。全市海拔高差2 723.7米。境内山高谷深，沟壑纵横，山地面积占76%，丘陵占22%，河谷平坝仅占2%。主要河流有长江、嘉陵江、乌江、涪江、綦江、大宁河等，2022年全年水资源总量 750.8 亿立方米，年平均降水量 1 287 毫米。重庆气候属亚热带季风性湿润气候，年平均气温在 18℃左右，冬季最低气温平均在 6~8℃，夏季平均气温在 27~29℃，日照总时数 1 000~1 200 小时，冬暖夏热，无霜期长、雨量充沛、温润多阴、雨热同季，常年降水量 1 000~1 300 毫米，春夏之交夜雨尤甚，素有"巴山夜雨"之说。2021 年，平均气温 18.0℃，年总降水量 1 287.0 毫米，日照时数 1 066.0 小时，平均湿度 79%。

2022 年，全市粮食播种面积 3 019.79 万亩，比上年增长 0.5%。粮食综合单产 361.87 千克/亩，比上年增长 0.5%。油料播种面积 507.0 万亩，比上年增长 1.2%。蔬菜播种面积 1 062.1 万亩，比上年增长 3.9%。水果种植面积 514.9 万亩，比上年增长 5.4%。中药材种植面积 170.4 万亩，比上年增长 5.8%。2022 年，粮食总产量达 1 092.84 万吨，比上年增长 1.1%。其中，夏粮产量 146.4 万吨，下降 4.7%；秋粮产量 998.1 万吨，比上年增长 0.4%。全年谷物产量 796.8 万吨，比上年减产 1.0%。其中，稻谷产量 503.2 万吨，与上年基本持平；小麦产量 27.0 万吨，比上年减产 20.0%；玉米产量 256.0 万吨，比上年减产 0.8%。

2022 年，全市受污染耕地安全利用率达到 95.04%，水稻、玉米等粮食作物化肥利用率达到 40.3%，主要农作物农药利用率达到 40.6%，主要粮食作物病虫害专业化统防统治覆盖率达到 40.87%，主要农作物病虫害绿色防控覆盖率达到 42.81%。全市畜禽粪污综合利用率达到 80% 以上，尾水治理达标率达到 95% 以上。农作物秸秆综合利用率达到 88.96%，农膜回收率达到 87.67%。

（二）存在的问题及原因

（1）农业规模化生产程度较低。农业生产规模化是农业技术和机械设备进一步推广应用的重要前提，同时也是发展现代农业的前提保障。但现阶段，小规模种植模式依然占据主导地位，小规模生产在农产品价格和成本方面处于劣势地位，竞争能力较差，常常被压在商品价值的最末端，难以推动农业信息化和智慧农业的高效发展。

（2）农业信息化和机械化程度较低。由于我国地大物博，各个地区的经济、民族生产习惯和自然条件等方面存在很大差异，农业综合机械化水平发展十分不平衡，农业信息技术的推广应用、大型机械设备的推广应用依然处于初级阶段，在现代农业发展过程中难以发挥其应有的实质性作用。

（3）农民整体信息素养不高。虽然我国农业种植结构已经发生了一定程度的变化，但小规模分散式的经营模式依然没有得到彻底有效的改变，农民群众的整体素质有待进一步提升，由于广大农民群众的信息化知识培训较少，在农业生产过程中，依然沿用传统经验式的种植模式和生产模式，严重制约了先进农业生产技术的推广应用。农民群众受教育程度较低是制约农业现代化发展的主要因素。

第三节 重庆市现代生态农业发展思路

（一）指导思想

以习近平新时代中国特色社会主义思想为指导，深入贯彻党的二十大精神，全面落实习近平总书记对重庆提出的营造良好政治生态，坚持"两点"定位、"两地""两高"目标，发挥"三个作用"和推动成渝地区双城经济圈建设等重要指示要求，坚持稳中求进工作总基调，统筹推进"五位一体"总体布局，协调推进"四个全面"战略布局，立足新发展阶段，贯彻新发展理念，融入新发展格局，以推动高质量发展为主题，以深化农业供给侧结构性改革为主线，以改革创新为动力，以科技装备为支撑，以满足人民日益增长的美好生活需要为根本目的，优先发展农业农村，全面推进乡村振兴，着力保供固安全、振兴畅循环，推动质量兴农、绿色兴农、品牌强农，加快构建现代农业产业体系、生产体系、经营体系，实施乡村建设行动，推动成渝一体化、城乡融合化、产业集群化、生产智能化、经营股份化、产品绿色化、乡村数字化，促进农业高质高效、乡村宜居宜业、农民富裕富足。

（二）发展目标

（1）总体目标。通过生态建设与现代农业相互促进、协调发展，进行生态环境综合治理与生态功能强化，建立起适应可持续发展要求的良性生态环境体系、资源保护体系和生态农业管理体系，实现资源培育与高效利用、生态经济和社会效益的协调统一，成功构建生态高效的现代农业与农村经济结构，显著提高农业和农村经济综合实力与生态、经济、社会综合效益，使区域发展进入较高水平的生态经济协调发展阶段。以现代生态农业示范带建设作为促进农业与农村工作的重大战略举措，实现农业高效、农民富裕、农村繁荣、社会文明、环境优美的目标要求，把农业与农村经济社会发展纳入可持续发展轨道。

（2）具体目标。到2025年，全市畜禽粪污综合利用率稳定在90%以上，规模养殖场粪污处理设施装备配套率、正常运行率达90%以上，病死畜禽及其产品无害化处理率90%以上，全市受污染耕地安全利用率达到93%以上，全市农业投入品合格率100%，主要农作物化肥、农药利用率提高到43%以上，农膜回收率90%以上，农作物秸秆综合利用率90%以上，全市农用地土壤环境质量稳中向好，受污染农用地面积不增加，农用地土壤环境安全得到基本保障，土壤环境风险得到基本管控，农业面源污染得到有效遏制，基本建成生活环境优美、生态环境良好、人与自然和谐共生的生态宜居乡村。

（三）发展方略

坚持减排、固碳、循环"六字方略"。

1. 减排

随着现代农业的发展和农业现代化的推进，农业与农村领域蕴含着巨大的减排潜力和减排需求。

（1）种植业节能减排。在强化粮食安全保障能力的基础上，优化稻田水分灌溉管理，降低稻田甲烷排放。推广优良品种和绿色高效栽培技术，提高氮肥利用效率，降低氧化亚氮排放。

（2）畜牧业减排降碳。推广精准饲喂技术，推进品种改良，提高畜禽单产水平和饲料报酬，降低反刍动物肠道甲烷排放强度。提升畜禽养殖粪污资源化利用水平，减少畜禽粪污管理的甲烷和氧化亚氮排放。

（3）渔业减排增汇。发展稻渔综合种养、大水面生态渔业、多营养层次综合养殖等生态健康养殖模式，减少甲烷排放。有序发展滩涂和浅海贝藻类增养殖，建设国家级海洋牧场，构建立体生态养殖系统，增加渔业碳汇潜力。推进渔船渔机节能减排。

（4）农机节能减排。加快老旧农机报废更新力度，推广先进适用的低碳节能农机装备，降低化石能源消耗和二氧化碳排放。推广新能源技术，优化农机装备结构,加快绿色、智能、复式、高效农机化技术装备普及应用。

2. 固碳

推进农业农村减排固碳,是生态系统的重要组成部分。

(1) 农田固碳扩容。落实保护性耕作、秸秆还田、有机肥施用、绿肥种植等措施,加强高标准农田建设,加快退化耕地治理,加大黑土地等保护力度,提升农田土壤的有机质含量。发挥果园茶园碳汇功能。

(2) 牧草生产固碳。通过对中轻度退化草地切根改良、重度退化草地免耕补播、多年生人工草地混播建植,以及林草复合、灌草结合、草田轮作等措施,提升草地生产力,增加牧草产量,提高草地生态系统固碳能力,促进草牧业可持续发展。

(3) 可再生能源替代。因地制宜推广应用生物质能、太阳能、风能、地热能等绿色用能模式,增加农村地区清洁能源供应。推动农村取暖炊事、农业生产加工等用能侧可再生能源替代,强化能效提升。

3. 循环

循环农业应用现代先进的农作物综合加工利用技术与设备,依托种植业发达和农作物副产品资源丰富的优势,并使秸秆饲料加工、养殖业、生物有机肥、种植业四者之间形成有机的产业循环链。

(1) 资源节约型。该模式立足于适量投入、立体种养、高效利用、固碳减排。以稻田复合种养生态农业为例,通过稻田养鸭能显著减少甲烷排放,降低增温潜势,其减缓综合温室效应的能力是常规淹水稻田的1.6倍左右。

(2) 环境友好型。该模式立足于优化环节、合理循环、减少废弃、防控污染。以秸秆资源循环利用模式为例。该模式以循环农业的理论为指导,特色食用菌产业为核心,通过循环利用秸秆资源充分利用废弃物,形成多途径开发模式。减少水稻秸秆燃烧污染,同时降低食用菌生产成本。农作物栽培中的菌渣有机肥代替化肥,使得农作生产副产物多级利用,减少了投入和对环境的污染。

(3) 固碳增汇型。该模式立足于农林复合、农牧配套、合理调控、促碳中和。以林下经济模式为例,林下发展草菇,利用农业生产的秸秆、粪便等堆积发酵制成培养料,一方面可用于草菇生产,另一方面可用作林地肥料,促进林木生长、增加森林碳汇。

(4) 生态文明型。该模式立足于发挥功能、优势互补、统筹集成、和谐发展。以沼气为纽带，带动畜牧业、农业等相关产业共同发展的生态农业模式。利用山地、农田、水面、庭院等资源，采用"沼气池、猪舍、厕所"三结合工程，围绕主导产业，因地制宜开展"三沼（沼气、沼渣、沼液）"综合利用，从而实现对农业资源的高效利用和生态环境建设、提高农产品质量、增加农民收入、减少气体排放的效果。

第四节　发展重点

（一）种植业绿色发展

（1）化肥减量。持续推进化肥农药减量增效，因地制宜推广测土配方施肥、水肥一体化、绿肥种植等技术，实施有机肥替代化肥行动，全面推动化肥增效减量。重点围绕全市粮食主产区、果菜茶优势产区和农业绿色发展先行区，推进化肥减量增效。加大配方肥推广力度，推广机械深施、水肥一体化、叶面喷施等施肥方式；调整优化肥料使用结构，开展缓释肥料、水溶肥料、生物肥料、土壤调理剂等高效新型肥料示范推广。重点在长江及干流区域开展化肥减量增效试点示范，集中推广一批化肥减量增效技术模式。

（2）稻田管理。以全市水稻主产区，强化稻田水分管理，因地制宜推广节水灌溉技术、适时引进节水抗旱稻作技术，提升稻田水分利用率；在渝西等灌溉条件较好的区域，推广旱耕湿整、保护性耕作等好氧耕作技术；在温光条件允许的地区，推广稻—油、稻—肥等水旱轮作。

（二）畜牧业低碳发展

（1）绿色养殖。以畜禽规模养殖场为重点，大力发展绿色畜禽养殖，建设生态循环养殖模式示范基地，开展安全高效环保技术创新和集成应用，推动饲料产品升级；利用微生物工程发酵开发安全高效、环境友好、无残留新型饲料资源和饲料添加剂，提高牲畜消化率和瘤胃内食物颗粒的流通速率。加强引进品种的选育和培育，改良反刍动物品种。

（2）粪污资源化利用。优化畜禽养殖粪污处理技术及装备，改进堆肥方式、缩短工艺链条、减少处理环节、简化操作流程，实施畜禽粪污养分平衡管理，降低粪污管理过程中温室气体排放。建立科学规范、权责清晰、约束有力的畜禽养殖废弃物资源化利用制度，构建种养循环发展机制。建立粪污资源化利用台账，支持散养密集区实行畜禽粪污分户收集、集中处理。

（三）渔业增汇发展

（1）低碳生态养殖。在潼南等主城都市高效渔业区、万州等渝东北三峡库区生态渔业区、黔江等渝东南山地冷水鱼渔业区，发展生态渔业。持续推进稻渔综合种养、鱼菜共生等低碳生态养殖模式，重点实施稻渔综合种养建设工程，发展渔农复合生态种养。在适宜区域发展水库生态渔业，实施水库生态渔产业集群建设，大力推广生态健康养殖技术，提升养殖技术，实现循环经济模式，实现渔业生物碳汇。

（2）养殖尾水治理。对全市连片集中的养殖池塘优先实施标准化改造和尾水治理，积极推广池塘循环水养殖技术、池塘水体综合调控技术和池塘尾水治理技术等节水生态养殖新技术，优化品种搭配，提升水产养殖精准化、机械化和智能化生产水平，突出提高池塘水体自净能力及排放水的资源化利用。

（四）农机绿色节能

（1）农机装备结构优化。实施更为严格的农机排放标准，减少废气排放，加大耗能高、污染重、安全性能低的老旧农机淘汰力度，结合全市丘陵山地地域特色发展复式、高效专用农机装备，努力优化农机装备结构，推进农业机械化转型升级。

（2）农机化综合服务能力提升。引导一批农机技能人才创办领办农机服务组织，指导发展一批农机专业合作社，培育壮大一批适应不同产业、不同区域、不同生产规模需求的农机化服务综合体，支持装备一批中大型农机具，提供高效便捷的农机作业服务，提升作业效率，降低能源消耗。

（五）农田碳汇提升

（1）补齐农田基础设施短板。以耕地土壤有机质提升为目标，以高标准农田建设为抓手，集中力量建设集中连片、旱涝保收、节水高效、稳产高产、生态友好的高标准农田，提高水土资源利用效率，搭建"一带三区五流域"的全市高标准农田建设格局，即长江沿岸绿色生态高标准农田示范带、丘陵谷地高标准农田建设区、平行岭谷高标准农田建设区、山地高标准农田建设区，涪江－琼江流域、濑溪河流域、龙溪河流域、乌江流域、梅溪河流域的高标准农田。

（2）退化耕地治理。依据耕地土壤环境质量类别划分成果，按照优先保护类、安全利用类和严格管控类实施分类管理，建立完善分类管理台账，落实安全利用与风险管控措施，开展安全利用成效评估，持续改善和优化安全利用措施；同时，根据土地利用变更和土壤环境质量变化情况，对类别划分成果进行动态调整。以土壤酸化治理为重点，在酸化问题突出的重点区县，成片实施酸化土壤改良示范，推广石灰氮、土壤调理剂、深耕深松等改良技术模式，消除土壤障碍，提高土壤肥力，提升固碳潜力；根据不同区域生产条件，推广保护性耕作、合理轮作等技术，构建用地养地结合的培肥固碳模式，减轻连作障碍，改善土壤生态环境。

（六）秸秆综合利用

（1）优化秸秆综合利用结构。坚持市场主体带动，因地制宜推动秸秆多元化利用，大力推广水稻高茬收割、玉米低茬收割技术，推进秸秆高效还田利用；在牛、羊发展重点区，推广秸秆青贮和直接粉碎饲喂技术；扩大秸秆基料栽培食用菌生产规模；鼓励发展以秸秆为原料的编织、创意工艺品等加工业，加强薯渣果渣、油料饼粕等副产物综合利用。进一步完善秸秆资源台账，切实摸清秸秆资源底数，为推动秸秆综合利用提供决策参考。在丰都、合川、黔江等草食性牲畜集中养殖区或结合大型养殖场建设秸秆饲料化利用工程，重点在石柱、永川、长寿等区县建立秸秆食用菌产业发展示范区，在大足、铜梁、城口等有条件的区县探索建设秸秆能源化示范工程。

（2）完善秸秆收储运体系。建立和完善收储运体系，引导培育秸秆资源化利用企业。结合农业生产社会化服务、农村"三变"改革和壮大农村集体经济组织等扶持政策，扶持发展一批从事秸秆收运、初加工和还田服务的秸秆收运处理主体，培养一批秸秆收运经纪人队伍，着力解决秸秆收运难题。

（七）可再生能源替代

（1）优化农村能源结构。以清洁低碳转型为重点，因地制宜合理发展农村沼气；推广秸秆生物质固化成型燃料或技术，配套清洁炉具和生物质锅炉，助力农村地区清洁取暖；推广畜禽粪污沼气能源化技术，引导形成"畜－沼－果""畜－沼－草""畜－沼－菜"等环保型生态养殖模式。

（2）农村沼气安全管理。以大中型沼气工程和现存农村户用沼气为重点，推进农村沼气安全生产和利用管理，切实把农村沼气安全生产责任落实到最小单元，坚决遏制重大农村沼气安全生产事故发生。

第五节　对策建议

（一）强化政策引领

强化现有农业农村减排固碳支持政策的落实落地。研究完善重点任务支持政策，推进重大问题研究和政策法规制定，强化正向激励和负面约束等措施，创设完善有利于推进农业农村减排固碳的扶持政策。研究建立核算认证体系，探索农业碳排放交易有效路径。有序开展典型技术模式应用试点，打造一批农业农村低碳零碳先导区。

（二）强化组织考核

生态农业建设是一项系统工程，涉及方面较多，需要有组织、有领导和有计划地统一组织实施。要建立生态农业建设的领导机构，明确职责，各司其职。各区县要对当地的生态农业与经济、社会协调发展的问题进行统一的规划和指导，实行领导目标责任制，把生态农业建设任务指标落实到乡镇，责任落实到人，作为考核干部的重要内容，并强化监督管理。

（三）强化区域协作

从区域发展战略看，建设成渝现代高效特色农业带，给重庆现代生态农业发展带来诸多政策利好、投资利好、项目利好；推动全市"一区两群"协调发展，有助于各区域发挥优势、彰显特色、协同发展，充分释放农业农村高质量发展潜能。优化区域产业布局，建设成渝主轴现代高效特色农业一体化发展示范区和沿长江、嘉陵江、渝遂绵高铁现代高效特色优势农业产业带，打造重庆主城都市区、成德眉资都市现代高效特色农业示范区及渝东北川东北、川南渝西丘陵山地现代农业协同发展示范区。沿成渝中线高铁、渝广（安）达（州）万（州）铁路、长江和嘉陵江建设美丽巴蜀宜居乡村示范带，沿长江、嘉陵江、岷江、涪江、渠江、沱江流域，建设一批休闲乡村、特色小镇、农业主题公园,打造世界休闲农业和乡村旅游样板区。支持成渝主轴、川东北渝东北、川南渝西等毗邻地区围绕主导产业,打破行政区划界限,联合打造国家农业现代化园区(示范区)。鼓励和引导两地新型农业经营主体组建农业产业化联合体、行业协会和产业联盟,实现抱团发展。

(四)强化科技创新

系统梳理农业农村减排固碳重大科技需求,加大国家科技计划支持力度。依托现代农业产业技术体系、国家农业科技创新联盟等,组织开展农业农村减排固碳联合攻关,形成一批综合性技术解决方案,补齐农业农村绿色低碳的科技短板。发布农业农村减排固碳技术目录。组建农业农村减排固碳专家指导委员会,加强技术指导、技术培训和技术服务。健全农业农村减排固碳标准体系,制定、修订一批国家标准、行业标准和地方标准。探索和发展绿色技术和低碳技术,提高安全、优质的农业产品成为现在及未来世界农业生产的新模式。现代农业创新既是一种技术上的创新,也是一种制度上的创新,"低排放、高收益"的新要求会有力地促进现代农业的转型升级。

第四章

重庆市畜禽屠宰行业发展及质量安全监管对策措施研究

为深入学习贯彻党的二十大精神，落实习近平总书记关于"大兴调查研究之风"的重要指示精神，根据中共中央办公厅《关于在全党大兴调查研究的工作方案》、市委办公厅《关于在全市大兴调查研究的实施方案》要求，按照市委办公室关于2023年度农业农村重点工作调研通知精神，结合工作实际，我们对重庆市畜禽屠宰行业发展及质量安全监管工作进行了深入调研。调研采取资料查阅、基层走访、座谈交流、学习借鉴、汇总分析等方式方法，走访了20多个区县70多家屠宰企业，赴山东、山西、河南、新疆等地屠宰企业参观学习，深入全面研究分析了近年来重庆市畜禽屠宰行业发展现状、畜禽屠宰质量安全监管面临的新形势，提出了下一步工作总体思路和针对性的对策措施建议。

第一节 重庆市畜禽屠宰行业发展现状

近年来，特别是2020年新冠肺炎疫情发生后，重庆市委、市政府领导高度重视畜禽屠宰工作，将其作为促进畜牧业高质量发展、维护公共卫生安全的重要抓手，摆上重要工作日程。在农业农村部和市、区县（自治县）人民政府的高度重视及农业农村等部门的共同努力下，重庆市对畜禽屠宰资格条件进行了全面清理审核，全市生猪定点屠宰企业由2019年的472家减少至目前的139家，家禽屠宰企业由1家规范建设提升至31家，牛羊屠宰秩序持续规范，屠宰管理工作取得显著成效，得到了各级领导、相关部门和管理对象的一致肯定。2022年，重庆市屠宰检疫生猪815.82万头、牛12.75万头、羊14万只、家禽1 746.37万羽；经指定道口净调入生猪329.2万头、牛7.04万头、羊15.23万只、家禽5 210.09万羽、动物产品18.31万吨。

（一）直面问题，迎难而上

2019年初，重庆市有生猪屠宰企业472家（其中生猪定点屠宰场84家、手工过渡屠宰场388家），与生猪合并设立的家禽屠宰企业1家，牛羊屠宰企业3家。屠宰管理存在四个方面的突出问题。

一是324家生猪屠宰企业无定点屠宰证书。仅148家生猪屠宰企业有定点屠宰证书和标志牌，其余的324家屠宰企业通过区县主管部门与屠宰企业签订过渡屠宰协议形式确认屠宰资格，过渡时间长达20年之久。

二是屠宰代码格式混乱。由于多方面的原因，重庆市一直未对存留定点屠宰证书进行换发、未对屠宰代码格式进行统一，导致：批准文号有渝屠准字第××号的，有屠证字（2003）第××号的，有渝××屠准字××号的；屠宰代码有A字母开头的、有AD字母开头的、有B字母开头的；屠宰代码字母后数字有8位的、有7位的，鱼龙混杂，真假难辨。

三是屠宰条件严重落后。一把刀、一口锅、三两个人，粪尿四溢，污水横流，臭气熏天，畜禽嚎叫，条件极差，与当前我国经济社会发展大环境严重不符，与当前广大市民对畜禽产品卫生健康安全的消费需求严重不符。

四是发证机关与监管部门严重不符。2013年5月农业部门就接受了屠宰行业监管职能，直到2019年7月，发证机关还是商业部门，过渡屠宰协议签订还是商业部门。为此，受到了农业农村部和市委市政府领导的批评。痛定思痛，直面问题，下定决心，迎难而上，彻底清理规范。

（二）痛下决心，彻底清理

一是及时安排部署。重庆市将屠宰资格清理审核和屠宰环节"两项制度"落实作为当时全市兽医方面的中心工作，市农业农村委主要领导、分管领导多次专题研究，多次向市政府专题报告，分管副市长多次专题研究现场办公，2019年5月市政府办公厅印发《关于加强生猪屠宰管理工作的通知》（工作通知〔2019〕1010号），要求区县人民政府全面清理审核畜禽屠宰资格，全市统一了生猪定点屠宰证书和标志牌式样；2020年3月，市政府印发《关于进一步规范活禽交易推行集中屠宰加强冷链供应工作的指导意见》(渝府发〔2020〕7号),要求科学规划建设禽类集中屠宰厂,加快完善质量标准体系,落实动物疫病自检、官方兽医派驻"两项"制度和品质检验合格证(二维码脚环标识)、动物检疫合格证明"两证"制度,实现可追溯管理。

二是明确设置条件。按照法律法规规定、农业农村部要求,结合重庆工作实际,设置了5大条件:第一是规划条件,要求符合城乡发展或建设规划、定点屠宰厂(场)设置规划等,要求衔接规划与自然资源部门出具审查意见(符合规划);第二是环保条件,要求衔接生态环境部门出具审查意见(达到环保要求,并获得全国统一编码的《排污许可证》);第三是屠宰条件,必须有相应的场地、人员、设备、制度等,要求衔接兽医部门出具审查意见(合格);第四是动物防疫条件,要求衔接兽医部门出具审查意见(合格,并获得《动物防疫条件合格证》);第五是动物疫病自检条件,有相应实验室、设备和检测技术人员,能够开展非洲猪瘟、高致病性禽流感等重大动物疫病自检,要求衔接兽医部门出具审查意见(合格,并已按照要求开展自检)。

三是明确任务时限。在生猪屠宰管理上要求2019年5月15日前足额向符合条件且在产的生猪屠宰企业派驻官方兽医,足额保障工作经费,确保工作正常开展;7月1日前,所有生猪屠宰企业建设符合PCR检测技术要求的实验室,并开展非洲猪瘟自检。2019年6月30日前,全面完成所有畜禽屠宰企业的清理审核,对符合条件的生猪屠宰企业,按照统一编码规则和式样制作核发生猪定点屠宰证书和标志牌;7月1日起,各区县不得对未取得证书标志牌的或处于停业整顿期内的生猪屠宰企业派驻官方兽医和实施检疫工作;7月20日前,市农业农村委发布全市所有合法生猪屠宰企业名单。在家禽屠宰管理上。要求充分发挥现有禽类屠宰厂产能,保障集中屠宰需要。对已取得合法经营资质的生猪屠宰厂,可增设具有物理隔离条件的禽类屠宰车间,扩大产能。主城各区范围内原则上不再新建禽类集中屠宰厂,其他区县可根据需要,科学规划建设禽类集中屠宰厂(设计年屠宰活禽原则上不少于1 000万羽),在乡镇农贸市场设置活禽集中交易和宰杀区,满足市场供应和长远发展需要。从2021年1月1日起,全市全面实施家禽屠宰产品"两证一标"(动物检疫合格证明、产品品质检验合格证、二维码脚环标识)制度,初步实现了家禽屠宰产品可追溯管理。

四是明确发证范围。原则上只对当时存在的472家生猪屠宰企业进行清理规范和发证。当时的生猪定点屠宰厂（场）清理审核合格的、按照市政府规划要求设置的，颁发 A 证；当时的手工过渡屠宰场（点）清理审核合格的、确需并经区县政府审核同意的小型屠宰点，颁发 B 证。按照农业部办公厅《关于生猪定点屠宰证章标志印制和使用管理有关事项的通知》（农办医〔2015〕28号）要求，我们对生猪定点屠宰证书和定点屠宰标志牌式样进行了编辑，设定了重庆市生猪定点屠宰代码编码规则，提出了制作的具体要求。鉴于重庆市未将牛、羊、家禽纳入定点屠宰管理范围，明确要求，对牛、羊、家禽屠宰厂不发放屠宰证书和屠宰标志牌，通过区县（自治县）人民政府文件形式确认屠宰资格。

五是强化督查推进。市政府文件明确区县政府是责任主体，要求制定具体措施，明确分管负责人，落实部门责任，采取时间倒排、挂图作战、对账销账和每周调度、每日通报、电话提醒、发督办函、约谈区县政府分管负责人的方式全力推进。市农业农村委强力推进，专门印发生猪屠宰资格清理文件 4 个、印发家禽集中屠宰方面文件 4 个，成立由市农业农村委主要领导任组长的工作领导小组、由现职处级领导任组长的 7 个工作组，定点联系督促区县工作；召开全市工作推进会，进一步明确任务、时限、责任、措施以及工作流程、报送材料目录清单，解读相关法规、文件、标准、条件，梳理印发《畜禽屠宰资格管理法规政策文件汇编》《家禽集中屠宰管理法规政策文件汇编》。合力督办推进，市政府分管副市长 5 次、市农业农村委主要领导 7 次在全市性会议上强调安排，委分管领导 5 次电话提醒，7 个工作组组长 4 轮电话提醒区县相关领导，市经办人员 100 多次衔接区县经办人员，市农业农村委 3 次、市动监所 3 次书面督办。

六是强化培训监管。市动物疫控中心先后 3 轮对全市生猪屠宰企业举办非洲猪瘟检测技术培训，现场培训 62 场次。分两轮对全市 141 个生猪屠宰场进行了非洲猪瘟自检能力比对，检测结果符合率 98.58%（139 家）。派专人及时更新《全国畜禽屠宰行业管理系统》《重庆市动物卫生监督指挥调度平台》相关信息，及时制发暗访随访工作方案，重点对屠宰企业关停情况、"两项制度"落实情况、"两证一标"制度进展情况等进行检查，确保应关尽关，全面落实。

第二节　重庆市畜禽屠宰质量安全监管形势分析

（一）畜禽屠宰质量安全监管现状

近年来，重庆市通过规范生猪屠宰条件大力压减屠宰厂数量，落实生猪屠宰环节官方兽医派驻和非洲猪瘟自检"两项制度"，全面落实生猪屠宰产品"两证"制度（动物检疫合格证明、肉品品质检验合格证），着力规范提升家禽集中屠宰、落实家禽屠宰"两项"制度（动物疫病自检、官方兽医派驻）和"两证一标"可追溯管理制度（动物检疫合格证明、肉品品质检验合格证、二维码脚环标识），备案监管牛羊屠宰，开展畜禽屠宰"严规范 促提升 保安全"三年行动，实施屠宰环节质量安全风险监测、对猪牛羊肉肝监测17种违法添加物和水分，开展屠宰违规违法专项整治行动、严厉打击屠宰加工病死畜禽、违法注射有害物质、私屠滥宰，畜禽屠宰行业质量安全监管工作取得了长足进展，总体而言：畜禽屠宰产品质量安全有保障、质量基本可追溯。但是由于历史欠账多、底子薄、经济社会发展滞后等多方面的原因，重庆市屠宰行业屠宰工艺设备条件差、工作人员素质良莠不齐、相关制度不健全或（及）落实不到位、牛羊家禽屠宰质量安全监管立法滞后、部门机构监管人员不适应新时期监管工作需要，与国内发达省份相比，重庆市畜禽屠宰行业质量安全监管还存在较大差距，条件简陋、手工屠宰、卫生消毒不到位、记录记载不全、质量追溯体系不健全等情况依然存在，在偏远区县情况还比较严重，重庆畜禽屠宰行业质量安全监管工作还有待进一步深化细化，与市民对高品质肉品消费需求还有很长一段路要走。

（二）畜禽屠宰质量安全监管难点问题

近年来，虽然重庆市屠宰监管工作取得了很大成效，但是仍旧存在一些不容忽视的问题，主要表现在以下6个方面。

一是法律法规制定、修订滞后。2015年重庆市即启动《重庆市畜禽屠宰管理条例》调研起草工作，2019年因国家即将颁布新修订的《生猪屠宰管理条例》以及新一轮机构改革等原因而暂停。2021年8月1日新修订的《生猪屠宰管理条例》颁布施行，但农业农村部配套规章尚未出台，重庆市相应地方性法规制定刚刚启动，牛、羊、禽屠宰管理缺乏相应法律支撑。

二是行业集中度仍然较低，部分区县屠宰厂规划布局不合理。全国有年屠宰生猪2万头以下（含）的企业3 795家，占总数的65.83%，仅屠宰生猪0.22亿头、占11.81%；有12个省份规模以下屠宰企业超过100家。重庆市屠宰厂数量大于等于10家的有2个区县，5~9家的有10个区县。个别区县违反国家《生猪屠宰管理条例》关于"在边远和交通不便的农村地区，可以设置仅限于向本地市场供应生猪产品的小型生猪屠宰场点"的规定，将小型生猪屠宰场点设在区县城边。个别区县不顾已有产能严重过剩，不报市农业农村委备案同意，不按照《国务院办公厅关于促进畜牧业高质量发展的意见》（国办发〔2020〕31号）关于"加快小型屠宰场点撤停并转"、《农业农村部关于进一步加强生猪屠宰监管的通知》（农牧发〔2019〕34号）关于"小型生猪屠宰场点，以县为单位计算，只减不增"和《产业结构调整指导目录（2019年本）》（2019年国家发改委令第29号）关于"限制类"的要求以及《畜禽屠宰加工卫生规范》《畜禽屠宰与分割车间设计规范》等要求，擅自批准设置不符合条件的小型屠宰场点，导致投资浪费，引发投诉举报。

三是屠宰产能严重过剩，产能利用率低。全国：生猪屠宰企业单班（7小时）设计产能为9.87亿头/年，2020年实际屠宰量1.90亿头，平均产能利用率不足20%；规模以下屠宰企业平均产能利用率仅为7.5%。重庆市：生猪屠宰企业单班（7小时）设计产能3 000万头/年，2022年实际屠宰量815.82万头，平均屠宰产能利用率27.19%；31家家禽屠宰厂单班（7小时）设计产能2.38亿只/年，2022年实际屠宰量1 746.37万只，平均屠宰产能利用率7.34%。

四是屠宰条件较差、代宰率高。重庆市部分屠宰厂和绝大多数小型屠宰点工艺设备条件差，手工屠宰，污水横流，臭气熏天，老鼠四窜；屠宰工作人员素质良莠不齐，兽医卫生检验人员持证上岗率低；屠宰检疫、产品检验、卫生消毒等制度不健全、落实不到位甚至形同虚设；大部分屠宰厂冷链配送体系不健全甚至完全没有。80%以上为代宰或生产线外租（全国自营企业占22.07%，混宰和代宰企业44.21%、混宰企业占33.72%），企业主体责任难以落实。

五是屠宰投资支持不足。《国务院办公厅关于促进畜牧业高质量发展的意见》（国办发〔2020〕31号）明确要求"通过中央财政转移支付等现有渠道，加强对生猪屠宰标准化示范创建和畜禽产品冷链运输配送体系建设的支持。"《重庆市人民政府办公厅关于促进畜牧业高质量发展的实施意见》（渝府办发〔2020〕139号）也提出"强化财政保障，加大对畜禽屠宰标准化示范创建和畜禽产品冷链运输配送体系建设的支持力度。"2020年，协调市财政对7个区县的7个屠宰厂进行了支持（每个30万元），2021年市财政取消了支持。经努力争取，2022年市财政局计划对7个区县的5个生猪、2个家禽屠宰厂进行支持（每个30万元），2023年计划对3个区县的1个生猪、1个肉牛、1个家禽屠宰厂进行支持（每个30万元）。

六是监管压力大，监管执法不到位。屠宰加工病死猪、注水注药等违法行为易发高发。生猪私屠滥宰在一些地方特别是偏远农村地区不同程度存在，个别地方（秀山）甚至还比较严重。虽然市政府出台文件，在主城九区、区县城区部分区域禁止活禽交易屠宰，但是由于法律法规的缺失，禁止区域内活禽交易屠宰大量存在或由明转暗。机构改革，机构队伍弱化，与其他部门间还存在职责边界不清问题，屠宰监管手段、装备落后。部门机构监管人员不适应新时期监管工作需要，对国家相关法律法规规章标准和相应文件学习不够，对屠宰设施设备工艺流程掌握不够，指导监督乏力、监管执法不到位。

（三）畜禽屠宰质量安全监管趋势

原《生猪屠宰管理条例》自2008年8月1日修订实施以来，生猪屠宰管理工作不断加强，在有效解决私屠滥宰、保障生猪产品质量安全和公共卫生安全等方面发挥了重要作用。但随着经济社会的发展进步，原《条例》的一些规定已经不适应实践工作需要，主要表现在：一是生猪屠宰环节全过程管理制度不完善，生猪屠宰质量安全责任难以落实到位；二是生猪屠宰环节疫病防控制度不健全，难以适应当前动物疫病防控特别是非洲猪瘟防控工作面临的新形势新要求；三是法律责任设置偏轻、主管部门执法手段不足，对生猪屠宰违法违规行为打击力度不够。

为深入贯彻落实习近平总书记关于"用最严谨的标准、最严格的监管、最严厉的处罚、最严肃的问责，确保广大人民群众'舌尖上的安全'"的指示要求，落实预防为主、风险管理、全程控制、社会共治的食品安全工作原则，国家新修订颁布了《生猪屠宰管理条例》。新《条例》落实预防为主、风险管理、全程控制、社会共治的食品安全工作原则,明确规定生猪屠宰厂(场)对其生产的生猪产品质量安全负责,突出全过程管理要求,完善了生猪屠宰质量安全管理制度;针对非洲猪瘟疫情防控实践,强化了屠宰环节动物疫病防控措施和保障;同时强化行刑衔接,落实企业主体责任,处罚到人,加大违法成本。

未来,重庆市畜禽屠宰行业质量安全监管工作要深入贯彻落实《中华人民共和国动物防疫法》《生猪屠宰管理条例》及配套规章、《重庆市动物防疫条例》《重庆市畜禽屠宰管理条例》以及国家有关规范标准要求,开展全过程质量安全监管,确保畜禽屠宰产品质量安全,满足人民群众高品质消费需求。主要从以下五个方面着力。

一是建立完善并严格执行活畜禽进厂(场)查验、记录制度。畜禽屠宰厂(场)应当建立畜禽进厂(场)查验登记制度,依法查验检疫证明等文件,利用信息化手段核实相关信息,如实记录屠宰畜禽的来源、数量、检疫证明号和供货者名称、地址、联系方式等内容,并保存相关凭证(记录、凭证保存期限不得少于2年)。发现伪造、变造检疫证明的,应当及时报告农业农村主管部门。发生动物疫情时,还应当查验、记录运输车辆基本情况。畜禽屠宰厂(场)接受委托屠宰的,应当与委托人签订委托屠宰协议(委托屠宰协议自协议期满后保存期限不得少于2年),明确畜禽产品质量安全责任。

二是建立完善并严格执行畜禽屠宰全过程质量管理。畜禽屠宰厂(场)屠宰畜禽,应当遵守国家规定的操作规程、技术要求和畜禽屠宰质量管理规范,并严格执行消毒技术规范。发生动物疫情时,应当按照农业农村主管部门的规定,开展动物疫病检测,做好动物疫情排查和报告。畜禽屠宰厂(场)应当建立严格的肉品品质检验管理制度,肉品品质检验应当遵守畜禽屠宰肉品品质检验规程,与畜禽屠宰同步进行,并如实记录检验结果(记录保存期限不得少于2年)。经肉品品质检验合格的畜禽产品,畜禽屠宰厂(场)应当加盖肉品品质检验合格验讫印章,附具肉品品质检验合格证;未经肉品品质检验或者经肉品品质检验不合格的畜禽产品,不得出厂(场)。经检验不合格的畜禽产品,应当在兽医卫生检验人员的监督下,按照国家有关规定处理,并如实记录处理情况(处理情况记录保存期限不得少于2年)。

三是建立完善并严格执行生猪产品出厂（场）记录制度。畜禽屠宰厂（场）应当建立畜禽产品出厂（场）记录制度，如实记录出厂（场）畜禽产品的名称、规格、数量、检疫证明号、肉品品质检验合格证号、屠宰日期、出厂（场）日期以及购货者名称、地址、联系方式等内容，并保存相关凭证。记录、凭证保存期限不得少于2年。

四是建立问题畜禽产品报告、召回制度。畜禽屠宰厂（场）对其生产的畜禽产品质量安全负责，发现其生产的畜禽产品不符合食品安全标准、有证据证明可能危害人体健康、染疫或者疑似染疫的，应当立即停止屠宰，报告农业农村主管部门，通知销售者或者委托人，召回已经销售的畜禽产品，并记录通知和召回情况。畜禽屠宰厂（场）应当对召回的畜禽产品采取无害化处理等措施，防止其再次流入市场。

五是实施畜禽屠宰质量安全风险监测制度。根据畜禽屠宰厂（场）的规模、生产和技术条件以及质量安全管理状况，推行畜禽屠宰厂（场）分级管理制度，鼓励、引导、扶持畜禽屠宰厂（场）改善生产和技术条件，加强质量安全管理，提高畜禽产品质量安全水平。实行畜禽屠宰质量安全风险监测制度，制定畜禽屠宰质量安全风险监测计划，对畜禽屠宰环节的风险因素进行监测。县级农业农村主管部门应当根据畜禽屠宰质量安全风险监测结果和相关规定，加强对畜禽屠宰厂（场）质量安全管理状况的监督检查。

第三节　重庆市畜禽屠宰行业发展及质量安全监管总体思路

（一）指导思想

以习近平新时代中国特色社会主义思想为指导，全面贯彻党的二十大精神，深入贯彻中央农村工作会议和中央一号文件精神，坚持"优供给、强安全、防风险、保生态、促发展"工作思路，以推进畜禽屠宰行业高质量发展为目标，坚持科学规划、质量为先、严格监管、规范经营，着力增强屠宰监管能力、提高产业发展质量，提升屠宰产品供应保障水平，满足人民群众对优质、安全肉品的消费需求。

（二）发展目标

到 2025 年，畜禽屠宰布局结构进一步优化，屠宰产能向养殖主产区集聚，与养殖产能匹配度明显提高；落后产能有序压减，牛羊禽集中屠宰扎实推进，畜禽屠宰产能利用率和行业集中度稳步提高，畜禽屠宰规范化机械化智能化水平明显提升；生猪屠宰企业全部实施屠宰质量管理规范（以下简称"屠宰 GMP"），建成一批畜禽屠宰标准化示范企业，增强品牌化龙头企业带动作用；规模化经营、标准化屠宰、规范化检疫检验、信息化监管水平明显提升；畜禽屠宰法规标准体系进一步完善，屠宰环节畜禽产品质量安全得到有效保障。

第四节 重庆市畜禽屠宰行业发展及质量安全监管对策措施

我们将按照农业农村部和市委市政府要求，充分运用现有法律法规和市政府文件，坚定信心，完善措施，积极应对，稳步推进，严控风险，积极构建"规模养殖、集中屠宰、冷链运输、冷鲜上市"的可持续发展新模式，为全面建成小康社会做出新贡献。

（一）科学规划布局畜禽屠宰企业

按照《生猪屠宰管理条例》《重庆市生猪屠宰管理办法》《动物防疫条件审查办法》《排污许可管理条例》《猪屠宰与分割车间设计规范》《牛羊屠宰与分割车间设计规范》《禽类屠宰与分割车间设计规范》和《关于进一步规范活禽交易推行集中屠宰加强冷链供应工作的指导意见》（渝府发〔2020〕7号）等法规、规章、规范、标准的要求，制定出台全市屠宰行业发展规划，深入推进生猪屠宰厂（场、点）的清理审核特别是加快小型屠宰厂（点）的撤停并转，引导屠宰产能向养殖集中区域转移，推动畜禽屠宰产业转型升级，促进"运活畜禽"向"运肉"转变。到 2025 年，全市生猪定点屠宰厂（场、点）数量控制在 120 家以内；到 2030 年，全市生猪定点屠宰厂（场、点）数量控制在 100 家以内。

（二）推进屠宰产业高质量发展

按照《产业结构调整指导目录（2019年本）》和国务院、农业农村部、市政府文件要求，加强与规划、环保等部门的配合，持续推进生猪屠宰行业转型升级，加快小型屠宰场点撤停并转，开展屠宰企业兼并重组，多手段减少企业数量、规范提高屠宰条件，引导屠宰企业逐步实现规模化、标准化、规范化、现代化发展。

一是鼓励全产业链一体化发展。全产业链一体化发展，有利于解决生猪养殖、屠宰、加工、配送、销售发展不平衡不充分的问题；有利于构建现代生猪产业经济体系，提升供给体系的质量和效益；有利于促进生产、生活、生态有机结合，形成城乡融合发展新格局；有利于带动农村全产业链融合发展，在全面推进乡村振兴中促进农民共同富裕、农村共同进步。要按照《国务院办公厅关于促进畜牧业高质量发展的意见》（国办发〔2020〕31号）要求，持续推进生猪屠宰行业转型升级，开展生猪屠宰标准化示范创建，实施生猪屠宰企业分级管理。鼓励大型畜禽养殖企业、屠宰加工企业开展养殖、屠宰、加工、配送、销售一体化经营，加快健全畜禽产品冷链加工配送体系。引导畜禽屠宰加工企业向养殖主产区转移，推动畜禽就地屠宰，减少活畜禽长距离运输，促进"运活畜禽"向"运肉"转变。

二是推行标准化屠宰。推行标准化屠宰，是屠宰企业加快转型升级、提高行业竞争力的重要举措，是提升生猪产品质量安全，促进屠宰行业高质量发展的重要抓手。要按照农业农村部办公厅《关于深入开展生猪屠宰标准化示范创建工作的通知》（农办牧〔2021〕39号）、《农业高质量发展标准化示范项目（生猪屠宰标准化建设）建设指南》（疫控屠函〔2021〕157号）要求，将生猪屠宰标准化示范创建工作统一纳入农业高质量发展标准化示范项目管理，按照质量管理制度化、厂区环境整洁化、设施设备标准化、生产经营规范化、检测检验科学化、排放处理无害化的总体要求，指导各地创建一批生猪屠宰标准化建设示范单位，建立科学有效的屠宰质量安全标准体系，优化工艺流程，提高屠宰机械化、自动化、智能化水平，增强企业服务"三农"的功能。

三是支持建设冷链流通和配送体系。深入贯彻国务院办公厅《关于促进畜牧业高质量发展的意见》（国办发〔2020〕31号）和农业农村部、国家发展改革委、财政部、生态环境部、商务部、银保监会印发《关于促进生猪产业持续健康发展的意见》（农牧发〔2021〕24号），加快健全畜禽产品冷链加工配送体系。鼓励屠宰加工企业建设冷却库、低温分割车间等冷藏加工设施、配置冷链运输设备；推动物流配送企业完善冷链配送体系，拓展销售网络；倡导畜禽产品安全健康消费，逐步提高冷鲜肉品消费比重。

（三）加强监管执法

持续推进分区防控，规范活畜禽跨区域调运管理，完善"点对点"调运制度，以及调运车辆、单位和人员备案制度。持续开展专项整治，加强与市场监管、生态环境、交通运输、公安等部门联合监管执法，严厉打击私屠滥宰，严格管控禁止区域活禽交易宰杀行为，加强对进入市场和生产加工环节的畜禽产品的监督检查和查证验物，全面落实生猪屠宰产品"两证"、家禽屠宰产品"两证一标"可追溯管理制度，规范养殖、运输、交易、屠宰、销售市场秩序。强化检疫监管，全面落实生猪屠宰环节"两项制度"，督促企业严格按照屠宰操作规程、屠宰检疫规程等相关规程，规范组织畜禽屠宰生产、开展品质检验、实施屠宰检疫，规范出具动物产品品质检验合格证、动物检疫合格证明、家禽二维码脚环标识。加强屠宰环节"扫黑除恶"专项行动制度化长期化常态化，确保肉品质量安全。

（四）完善法律支撑保障

结合新修订颁布实施的《中华人民共和国动物防疫法》《生猪屠宰管理条例》，启动《重庆市畜禽屠宰管理条例》修订工作并尽快出台（《重庆市畜禽屠宰管理条例》已经纳入2022年市政府调研项目、2024年市人大审议项目）。立法中，要结合工作实际，重点考虑：一是将牛羊、家禽（兔）等动物品种纳入定点屠宰管理范围，将规范活畜禽交易、推行集中屠宰、屠宰产品品质检验合格证（二维码脚环标识）等相关事项纳入，并设立相应罚则，以完善法律支撑保障。二是设立小型屠宰点超范围销售罚则，落实《生猪屠宰管理条例》第二条第3款规定"在边远和交通不便的农村地区，可以设置仅限于向本地市场供应生猪产品的小型生猪屠宰场点，具体管理办法由省、自治区、直辖市制定。"三是定点屠宰审批权限回归市本级，原《重庆市生猪屠宰管理办法》下放到区县（自治县）人民政府，要按照《生猪屠宰管理条例》关于"生猪定点屠宰厂（场）由设区的市级人民政府根据生猪屠宰行业发展规划，组织农业农村、生态环境主管部门以及其他有关部门，依照本条例规定的条件进行审查"的规定，将定点屠宰审批权限回归市本级。四是建立"条件管理为主、数量管理为辅"的动态监管机制，打通 A 证（大型屠宰厂）、B 证（小型屠宰场点）双向动态升降通道。

（五）加强财政支持

深入贯彻落实《国务院办公厅关于促进畜牧业高质量发展的意见》（国办发〔2020〕31 号）和《重庆市人民政府办公厅关于促进畜牧业高质量发展的实施意见》（渝府办发〔2020〕139 号）精神，强化财政保障，推动出台促进畜禽屠宰行业发展的政策措施，支持畜禽屠宰企业参与国家现代农业产业园、优势特色产业集群、农业产业强镇等项目建设，提升畜禽屠宰企业机械化智能化水平，支持符合条件的畜禽屠宰企业申请认定农业产业化重点龙头企业。推动屠宰加工机械装备研发和畜禽产品冷链加工配送体系建设，加大畜禽屠宰标准化示范创建支持力度，有效提升重庆市屠宰规范化水平。落实农产品初加工企业所得税优惠、鲜活农产品运输"绿色通道"、无害化处理补助和金融助力畜牧业高质量发展等政策，支持屠宰企业发展。

（六）提升行业人员能力水平

督促屠宰企业切实履行畜禽产品质量安全、动物疫病防控和安全生产主体责任，配备与屠宰规模相适应的管理人员和兽医卫生检验人员，严格按照国家规定的屠宰操作规程和相关标准进行屠宰加工，严格落实入场登记查验、非洲猪瘟自检、"瘦肉精"自检、肉品品质检验和动物疫病防控管理等各项制度，建立健全从畜禽进厂查验到产品出厂以及问题产品召回等全过程质量安全管理制度，把好产品质量安全关。建立健全安全生产责任制，完善安全风险分级管控和隐患排查治理双重预防机制。坚持责任落实痕迹化，规范台账登记和管理，确保来源可溯、去向可追、责任可查。加强屠宰检疫队伍建设，按规定足额派驻官方兽医，强化驻场官方兽医业务培训，提高依法履职能力和专业技能。加强屠宰管理人员能力素质提升，熟悉掌握相关法律法规、规程规范等方面的标准和技术要求，监督指导屠宰企业做好建设和管理。规范开展兽医卫生检验人员培训考核，经农业农村部门考核合格，取得从业资格方可从事肉品品质检验工作。到 2025 年年底，全市生猪屠宰企业按规定配备经考核合格的兽医卫生检验人员，牛羊禽屠宰企业兽医卫生检验人员考核稳步推进。督促企业建立内部培训考核制度，确保企业人员掌握相关法律法规和专业知识技能，加强人员防护管理，配备必要的防护用品，落实人畜共患传染病防控措施。

（七）强化宣传引导

充分利用报刊、电视、广播、新闻网站、微博、微信、抖音、公众号等平台加强宣传，解读政策，建立经营商家和市民对政策的信任感，引导市民消费升级，形成消费"冷鲜肉""冰鲜肉""白条禽"的健康生活习惯方式，把好事办好，把实事办实。广泛开展爱国卫生运动，加大各种传染病防控知识宣传力度，为屠宰工作推进营造良好的舆论氛围。

第五章
重庆市蛋鸡产业发展路径专题研究

第一节 蛋鸡产业发展行业背景

（一）建设农业强国

习近平总书记在党的二十大报告中强调，加快建设农业强国。农业强国的特征，包括农业发展基础强、农业产业韧性强、科技创新能力强、农产品供给保障强、农产品国际竞争力强、在全球农业领域的话语权重、农业从业者收入水平高、农业绿色发展水平高等8个方面，其中：农产品供给保障强就对肉蛋奶等主要畜产品保供提出了高要求。习近平总书记强调，城乡居民食物消费结构在不断升级，今后农产品保供，既要保数量，也要保多样、保质量。蛋鸡产业是重庆市畜牧业的优势产业之一，在鸡蛋保供方面担负着重要而艰巨的任务，确保蛋鸡产业高质量发展，具有重要的现实意义和深远的历史意义。

（二）乡村全面振兴

《中共中央国务院关于全面推进乡村振兴加快农业农村现代化的意见》明确提出：到2025年，农业农村现代化取得重要进展，粮食和重要农产品供应保障更加有力，农业生产结构和区域布局明显优化，农业质量效益和竞争力明显提升，现代乡村产业体系基本形成，有条件的地区率先基本实现农业现代化。习近平总书记明确提出乡村产业振兴、乡村人才振兴、乡村文化振兴、乡村生态振兴、乡村组织振兴的科学论断。"仓廪实而知礼节"，产业振兴是"五个振兴"的基础，重在夯实乡村振兴的经济基础。蛋鸡产业在广大农村具有悠久的发展历史，是农民现金收入的重要来源之一。因此，推进蛋鸡产业高质量发展，有利于推动农业全面升级，带动农村全面发展，促进农民全面进步。

（三）成渝地区双城经济圈建设

推动成渝地区双城经济圈建设，是以习近平同志为核心的党中央着眼全局和长远发展谋划的重大战略。《重庆市推动成渝地区双城经济圈建设行动方案（2023—2027年）》明确提出：发展优势特色农业。培育建设生态畜牧、火锅食材、粮油加工、预制菜、柑橘、中药材、榨菜、重庆小面等优势特色产业集群，力争将生态畜牧、火锅食材、粮油加工打造成千亿级产业集群。蛋鸡产业是成渝两地现代畜牧业的重要产业，在种鸡培育、鸡苗供应、鸡蛋消费、淘汰鸡加工等方面融合度高，具有加快发展、提档升级的坚实基础和巨大潜力。

（四）畜牧业高质量发展

蛋鸡养殖所属畜牧业是国家重点扶持的国民经济基础产业，目前，国家对畜牧业发展采取的产业政策是加强农业的基础地位，提高居民畜禽产品消费水平，在财政、税收、融资等方面给予了扶持。企业在产品增值税、企业所得税和国家财政补贴、金融扶持等方面享受了优惠政策。《国务院办公厅关于促进畜牧业高质量发展的意见》指出：畜牧业是关系国计民生的重要产业，肉蛋奶是百姓"菜篮子"的重要品种。但也存在产业发展质量效益不高、支持保障体系不健全、抵御各种风险能力偏弱等突出问题。《重庆市人民政府办公厅关于促进畜牧业高质量发展的实施意见》明确提出：到2025年，全市禽蛋基本自给。为此，《重庆市畜牧业发展"十四五"规划（2021—2025年）》将家禽产业作为全市现代畜牧业"2+2+2产业体系"中的2个优势产业之一，"十四五"期间在长寿、璧山、丰都等24个区县建设年出栏100万羽肉禽养殖基地10个，年存栏10万羽蛋禽规模化养殖基地20个。到2025年，实现肉禽出栏3亿羽，蛋禽存栏3 000万羽以上，禽蛋产量50万吨以上。

第二节　重庆市蛋鸡产业发展现状

（一）重庆蛋鸡产业发展概况

家禽产业是重庆市畜牧业不可缺少的特色效益产业。近年来，重庆市认真贯彻落实党中央、国务院相关决策部署，按照市委市政府工作要求，认真做好畜牧业稳产保供，大力发展现代禽业，加快推进蛋鸡产业绿色发展、智慧发展、融合发展。在政策扶持和市场拉动下，重庆市家禽产业取得长足发展，蛋鸡养殖作为核心产业，结构不断调整、优化，产业化链条不断完善，鸡蛋产量不断攀升、产值不断增加，在产业发展中综合影响力逐渐增强，正朝着规模化、标准化、产业化、智能化、优质化的方向稳步发展。

（1）产业发展情况。目前，重庆蛋鸡产业总体仍是"小规模、大群体"的特点，受限于自身地形特点，重庆地区农业规模化生产难度较大，相比四川、贵州、云南等西南省份，近十年重庆蛋鸡行业的发展依然较慢。重庆市蛋鸡企业主要集中在合川、丰都、长寿、梁平、垫江等区域。2022年，全年出栏家禽2.4亿只，同比增长0.7%；年末存栏1.2亿只，同比增长1.1%；全年蛋产量达到50.5万吨，同比增长5.5%。其中，蛋鸡存栏量约1 500万羽，整体保持稳定。目前长寿区、垫江区蛋鸡存栏约300万羽，合川区、丰都县蛋鸡存栏约200万羽；梁平区蛋鸡存栏约100万羽。其余的蛋鸡产能分布在奉节县（约80万羽），潼南区（约30万羽）等地区。

（2）规模标准情况。重庆市积极引进大型企业，探索创新"国有+龙头""公司+合作社（家庭农场）+农户""集体经济组织集资分红"等模式，完善利益联结机制，制定标准化畜禽养殖场建设指引。全市蛋鸡养殖场（户）60.8万个，其中年末存栏蛋鸡达1万只以上的规模场有387个，全市蛋鸡规模化率达到67.7%，以传统散养为主导的养殖模式逐步被弱化，蛋鸡产业规模化、标准化发展格局基本建立。重庆金鸡扶贫项目（蛋鸡产能90万羽，已建成投产）、正大集团300万羽蛋鸡项目（已投产）等政府、集团项目落成投产，益海晨科重庆蛋鸡养殖现代产业园［蛋鸡270万羽、青年鸡（雏鸡）50万羽，重庆最大的现代化规模蛋鸡养殖产业园］项目积极筹建中。重庆市燎原家禽养殖有限公司推广蛋鸡标准化、自动化养殖新模式，推动蛋鸡产业向现代化转型升级，目前产蛋鸡舍存栏高产蛋鸡7万羽，日产富硒鸡蛋近7万颗，产蛋率最高达到98%。目前，全市规模化蛋鸡场存栏蛋鸡1 500万羽左右，而山西晋龙集团一家企业存栏蛋鸡就达1 500万羽。重庆市蛋鸡场单场规模不足100万羽，而山西、河南、湖北等地单场规模达300万羽以上。丰都德青源设计规模存栏300万羽，市级存栏不足30万羽。

（3）屠宰加工情况。全市创新开展温泉蛋、水煮蛋等蛋品深加工产品研究，但蛋品深加工环节仍比较薄弱。有28个区县上报已（拟）建家禽集中屠宰厂41家，设计屠宰能力71.63万羽／日。其中已建成投产14家、设计屠宰能力27.05万羽／日、实际屠宰量12.47万羽／日；已基本建成即将投产的4家、设计屠宰能力9.5万羽／日。

（4）养殖模式情况。全市积极贯彻绿色发展理念，推广实施现代化养殖模式，自动喂料、自动饮水、自动清粪等自动化设施设备配套升级，自动化程度较高，蛋鸡养殖过程中产生的鸡粪实现资源化利用，传统散养为主导的养殖模式逐步被弱化，蛋鸡养殖趋于规范化、制度化、高效化。垫江县曹回镇养鸡协会、周嘉镇蛋鸡养殖协会等行业协会组建重庆蓝沃生物科技有限公司、重庆鑫伟旭生态农业发展有限公司粪污无害化处理中心，对全体会员及全县规模蛋鸡养殖企业鸡粪集中收运、统一处理，生产有机肥，年处理鸡粪达10万吨、年产有机肥近5万吨，产品在本县、四川广安、云南昆明等地销售，不但从根本上解决粪污治理问题，而且给企业带来收益。

（5）市场价格情况。新冠肺炎疫情期间，由于国民经济发展速度放缓、民众消费力下降，蛋鸡行业整体处于微利、收支弱平衡的状态，且鸡蛋市场价格话语权在鸡贩子（经销商）手中，造成重庆鸡蛋价格较低，利润被压缩。2021—2022年，重庆不少中小散户因经营、资金问题陆续选择退出，规模化蛋鸡企业也在有意识地控制产能扩张，保证自身资金链正常。

（6）消费贸易情况。重庆蛋鸡企业的主要流通渠道为农贸集市，小部分为商超及食品公司，打造了线上平台——蛋链通和期货交割，打通了线上线下销售渠道。少数本土企业已在B端市场形成企业品牌，具有一定的产品议价权，部分产品也逐步从四川、重庆及周边地区拓展延伸至广州、深圳、东莞等粤港澳大湾区市场。现有的重庆蛋鸡产能基本自足，在北方省份蛋品输入的同时，本地蛋品绝大部分满足本地，少部分销往深圳、上海、四川、湖北、湖南、福建、广东、贵州、云南等地。2022年,全市常住人口3 213.3万人,禽肉、禽蛋人均消费量分别为11.5千克、15.7千克,家禽养殖利润约为2元/羽。

(二)重庆蛋鸡产业发展形势

(1)国家、地方重视蛋鸡产业发展。近年来,国家和地方在区域发展、养殖模式、用地支持、资金扶持、环境保护等方面出台了一系列有针对性的扶持政策,积极实施畜禽养殖标准化示范活动、国家蛋鸡遗传改进计划、畜禽标准化育种项目和养殖项目等,支持大量蛋鸡养殖场和养鸡场的建设,鼓励蛋鸡生产企业向专业化、产业化、标准化、集约化的方向发展,对加快蛋鸡生产模式转型和种质科技创新发挥了积极的驱动作用,产业迎来广阔的发展机遇。市委一号文件、市政府工作报告、市委农业农村工委、市农业农村委一号文件等都对蛋鸡产业发展提出了相关要求。目前,重庆市蛋鸡产业以中型规模企业及集团分公司为主力、小企业为辅,常年蛋鸡存栏量在30万羽以上的养殖企业不足10家,企业规模化程度仍有较大提升空间。

(2)消费需求保持稳定态势。随着畜牧业高质量发展行动的实施,蛋禽良种培育能力、养殖场(户)管理水平、蛋禽疫病防控能力将进一步提升,蛋禽养殖良种化、规模化、智能化、标准化水平再上一个台阶,将有力支撑禽蛋产量保持平稳增长趋势。在城乡居民收入增长、食物消费结构优化、消费者需求升级等因素的推动下,禽蛋消费量将保持小幅增长态势,但随着中国人口进入负增长和老龄化,禽蛋消费需求将下降。据2022年重庆统计年鉴,重庆市民的蛋类及蛋制品消费量为15.54千克/人,人口3 213.3万人(第七次人口普查),每年共需要49.93万吨鲜蛋及制品,这意味着当地的禽蛋市场供需关系相对平衡。重庆靠近四川、贵州、湖南等地,占据地理优势,交通便利,蛋品可快速流通,优质鸡蛋不会缺少销路,只要打开消费渠道,可快速占据市场。

(3)消费向高品质趋势发展。重庆市蛋鸡产业不断以市场为导向,鸡蛋产品结构不断优化且呈现多样性特点。随着消费者偏好变化,消费者在追求基本营养之外,对生物安全与食品安全的要求不断提高,安全鸡蛋受到高收入消费者的青睐,鲜蛋的安全性能将逐步增强。目前,重庆市部分蛋鸡养殖场已经通过国家无公害、绿色和有机鸡蛋的生产认证,较之传统鸡蛋来说,安全鸡蛋的生产比例将越来越高。

（三）重庆蛋鸡产业发展存在的问题及原因

（1）政策扶持力度较弱，风险抵御能力较弱。蛋鸡产业专项扶持政策较少，且由于行业进入门槛较低、政府管理缺乏量化标准、消费者信息不对称等诸多原因，蛋鸡行业小规模、大群体产业结构普遍存在，没有统一规范的管理和标准，在生产经营决策过程中带有明显的盲目性和从众性，使得鸡蛋市场波动较大，造成了蛋鸡产业链的不稳定，直接影响了整个产业稳定发展和蛋鸡饲养户收入水平。近年来，重庆市有实力的家禽养殖企业纷纷向贵州、新疆等省份转移产业，或者准备转移，特别是种鸡企业，严重影响重庆市蛋鸡产业发展。目前，重庆市鸡蛋需求趋于饱和，广大农户盲目上马，导致蛋鸡养殖者竞争加剧，并且由于蛋鸡养殖过程中面临着较大的疾病风险，无相应保险支持，生产不稳定性增强，抗风险能力差。

（2）行业面临成本压力，鸡蛋增产存在制约。受玉米、豆粕等饲料原料价格上涨等因素影响，蛋鸡饲料价格大幅上涨，蛋鸡养殖成本持续上升，加速产业调整，对鸡蛋供给产生一定影响。2022年，蛋鸡养殖成本较高，饲料价格、劳动力价格处于上涨趋势，养殖利润有较强波动。目前，普遍存在的蛋鸡养殖环控难、蛋鸡营养保障难、蛋鸡饲料加工方式落后等问题，制约了蛋鸡生产性能潜力的挖掘。

（3）疫病防控形势严峻，防疫体系有待改善。一是疫病种类多，新病不断出现，从季节性转变为常年性，传染力度增强，境外禽流感疫病传入风险增大，防控难度加大。2020年新冠肺炎疫情发生初期，以及2021年、2022年散发的新冠肺炎疫情和2022年国外相继暴发的禽流感疫情，均造成了蛋鸡产业发展的不稳定。二是疫苗研发不适应当前工作需要，一些疫苗治疗效果不好，科技贡献率不高，增大养殖风险。三是对当前农村广大分散养殖场户而言，自身投入不足，养殖设施设备简陋，科学养鸡水平低，生物安全意识、综合保健意识薄弱，防治疫病能力差。四是由于养殖生产点分散、基层检测设备落后、专业技术人员欠缺等因素影响，鸡蛋安全管控存在诸多难题，鸡蛋产品可追溯网络平台技术系统尚未健全，安全管控难度大，监管不到位。

（4）屠宰加工严重落后，产业链条延伸不够。目前重庆市城区家禽屠宰加工模式主要有加工厂屠宰、加工作坊屠宰、农贸市场屠宰三种模式，重庆中心城区和其他区县城区屠宰能力严重不足或完全关闭，导致生产企业活禽无法屠宰销售，家禽流通渠道严重被堵死。全市没有一家专业蛋品加工、淘汰蛋鸡屠宰加工企业，重庆蛋鸡场淘汰蛋鸡运至湖北屠宰加工，而湖北神丹健康食品有限公司可生产100多个品种规格的蛋品，湖北晟源食品有限公司年屠宰加工淘汰鸡100万羽以上。而对于禽蛋产品及其衍生物的开发和对破损蛋、脏蛋等次品蛋的利用，产品单一，缺乏精深加工，主要是销售初级产品，对鸡蛋的附加值挖掘不够，难以满足消费者多层次要求。另外，重庆市培育的国家级龙头企业和重庆市级龙头企业，共同闯市场协作能力和辐射作用仍然较弱，龙头企业与农户之间利益链接延伸不够，带动力不强。

（5）传统习惯难以改变，品牌影响能力不够。受传统饮食习惯和烹饪方式影响，重庆市民多以现宰现煮为主，认为冰鲜禽肉缺少"鲜味"，不符合百姓的口味。2020年重庆市政府推行"规模养殖、集中屠宰、冷链运输、冰鲜上市"政策，市民一时很难改变传统禽肉消费习惯，加之活禽市场关闭、家禽压栏非常严重，禽产品消费锐减。此外，大部分蛋鸡养殖场（户）没有建立自己的品牌鸡蛋，无品牌鸡蛋在市场上同场竞技、无序竞争，而有品牌的企业宣传力度不够，消费者缺乏禽蛋产品品牌认知度，品牌影响力不足。

（6）有机肥料销售困难，营商环境制约发展。重庆市鸡粪有机肥以养殖企业加工、销售为主，第三方处理中心、有机肥厂、有机肥渠道运营较少。长期以来，人们对鸡粪有机肥存在一定的认知偏差和误解，认为鸡粪重金属超标、激素残留等，是果园、大棚的毒药与灾难，导致鸡粪有机肥销售困难，粪污资源化利用推进受限，种养结合脱节。且受土地建设、水土保持、环境保护等政策影响，新建养殖场用地困难、手续烦琐、成本较高，极大地限制了蛋鸡产业全产业链健康持续发展。

（7）科技水平有待提高，技术支撑力量薄弱。标准化、规模化、智能化生产基础设施建设质量不高，先进实用设施设备应用程度低。目前部分养殖户养殖管理技术水平较落后，加上发展势头过猛，养殖场规模偏大，在设施设备、技术和管理等方面难以适应生产要求，直接影响生产成本和经济效益。同时其科技、法律、市场意识淡薄，传统型、粗放型饲养管理仍占有较大比重。部分区县认识不到位，机构职责不清，行政管理、技术支撑、市场执法等关系没有理顺，队伍中人员老化、技术落后，技术推广应用效果亟待加强。

第三节 重庆市蛋鸡产业发展思路

(一) 指导思想

深入贯彻落实科学发展观,坚持"创新、协调、绿色、开放、共享"的发展理念,以发展高产、优质、高效、生态、安全、品牌为目标,以建设现代蛋鸡产业体系和提高蛋品产量、质量和效益为重点,以促进农民持续增收为核心,坚持区域布局、标准化生产、产业化经营、品牌化创建、科技化支撑,统筹兼顾公共卫生安全、蛋品质量安全、生态环境安全,大力发展规模养殖和蛋品加工,加快转变蛋鸡产业发展方式,推进转型升级,促进重庆蛋鸡产业健康可持续发展。

(二) 发展目标

蛋鸡以集约化、标准化养殖为主,建设50万~300万羽现代化设施蛋鸡生产基地,年存栏10万羽蛋鸡规模化养殖基地20个,培育蛋鸡稳产保供重点企业5家,打造蛋鸡知名产品品牌5个以上,创建农业农村部蛋鸡标准化示范场累计超过15个。到2025年,全市蛋鸡存栏3 000万羽以上,鸡蛋产量50万吨以上,鸡蛋基本自给。

(三) 发展方略

重庆蛋鸡产业"1234发展方略"。

(1) 在产业目标上,坚持"一个方针",即鸡蛋基本自给。到2025年,鸡蛋自给率达到85%。

(2) 在鸡蛋品类上,坚持"两条腿走路",即普通蛋、特色蛋同步发展。一是普通鸡蛋。作为大众消费产品,普通鸡蛋未来仍是主流产品。二是特色鸡蛋。桑叶鸡蛋、功能蛋等特色鸡蛋越来越受到市场青睐,是未来消费增长点。

(3) 在增长潜力上,坚持"三管齐下"。一是蛋品加工。支持开展鸡蛋全蛋液、蛋清液、蛋黄液加工。随着消费升级,国内烘焙、餐饮、医药行业快速发展,蛋品加工行业销量逐渐提升,新型蛋制品加工企业随市场的需求会增加，以满足国内外市场不同形式消费者的需求，也为蛋品消费提供了增长的新空间。二是淘汰鸡屠宰加工。除了直接屠宰以外，还可以将淘汰鸡肉制成肉精或肉肠等加工品或者是制成家禽饲料用于生产动物饲料。三是鸡蛋出口。我国鸡蛋出口的来源也是比较集中的。主要是江苏、湖北、广东、辽宁、河南、山东等省份。其中，湖北省是我国最大的鸡蛋出口省份，占全国鸡蛋出口总额的30%以上。重庆产的鲜鸡蛋首次实现自营销往我国香港地区，有利于促进重庆与香港之间的贸易合作，为两地经济的发展搭建更多的桥梁。

（4）在高质量发展上，坚持"四个推广"。一是推广节粮型蛋鸡品种。最大优势在于采食量低、节省饲料，而且抗病力强、蛋品质好，比普通鸡蛋经济效益偏高，比如"农大3号"小型蛋鸡。二是推广新型投入品。大力推广生物酶制剂、中草药添加剂、抗生素替代品等。三是推广高产高效技术。蛋鸡标准化、自动化和无抗养殖新模式，推动蛋鸡产业向现代化转型升级。四是推广"协会+联盟+公司"经营模式。充分发挥重庆市畜牧业协会禽业分会的带动作用，健全重庆蛋鸡产业联盟利益联结机制，团结相关企业共同发展，为重庆市蛋鸡产业高质量发展贡献力量。

（四）发展思路

重庆市蛋鸡产业将深入贯彻落实国家有关规范标准要求，着力提升蛋品精深加工，开展全过程绿色生产和质量安全监管，确保蛋品质量安全，满足人民群众高品质消费需求。重点实施三大行动：一是肉蛋加工提升行动。从全国范围看，肉蛋加工产业发展呈现出规模化、自动化、绿色化和深加工化的发展趋势。相对而言，我国的蛋品加工技术比较落后，经济效益也较低，而且专用型蛋粉及高附加值蛋制品的生产还不多，显示重庆市肉蛋产业的科学技术发展任重而道远。为了尽快缩小与国内肉蛋加工的差距，必须加大资金投入，引入先进的肉蛋加工技术，提高重庆市肉蛋产品加工率，用以增强抵御农业养殖风险的能力。二是碳汇交易提量行动。转变畜牧业发展方式，走畜牧业绿色低碳发展的路子，既可以减少碳源，又可以形成碳汇。积极引导重庆市蛋鸡企业通过改进饲养管理，节能减排，优化饲料结构、减少甲烷排放，加大粪污综合治理、实现无害化资源化循环利用等措施，降低畜牧业对温室气体排放的占比，提高蛋鸡行业碳汇能力，为重庆市蛋鸡行业发展提档升级，为重庆市蛋鸡企业降本增效。三是质量安全保险行动。摸清养殖底数，实施精准监管。对重庆市蛋鸡规模场开展全面排查，摸清蛋鸡养殖场底数，建立监管对象清单，依托畜牧云平台对监管服务对象实施信息化动态管理。开展质量安全宣传培训，通过开展多种形式的主题宣传活动、举办培训班、发放安全用药知识手册及明白纸等，宣传蛋鸡养殖安全科学用药知识，切实提升蛋禽养殖场质量安全主体责任意识。加强监督检查规范养殖质量安全检查严格执法查处，主动排查，主动出击，坚决打击各类违法违规行为，涉嫌犯罪的，及时将案件移交公安机关。

第四节　重庆市蛋鸡产业发展的突破路径

（一）适度规模化

（1）正确认识适度规模化养殖。当前，在推进乡村全面振兴和农业强国建设的关键时期，厘清农业规模经营的"适度性"内涵和适度规模经营的实现形式，具有积极的现实意义。要做好规模经营的政策引导，坚定适度规模化发展方向，正确认识适度规模化养殖，分析当前的市场经营形势并以此为依据，调整自身的发展理念，以实现大幅度提升经济效益的目标，因地制宜发展规模化养殖，建设优质蛋鸡生产基地，促进生产经营向模式化、专业化、规范化方向发展。

（2）发展多种形式的规模经营。分类引导规模化经营主体递进式、层次化和差异化发展，重点培育一批引领带动成效显著的蛋鸡养殖龙头企业、合作社和专业大户，扩大新型规模经营主体的生产占比，完善规模经营主体的配套服务体系，形成规模经营主体与社会化服务体系互促互进的现代经营格局。以规模经营主体为纽带，促进小规模经营户有机衔接现代蛋鸡产业生产方式，积极对接现代生产要素和大市场环境，形成以规模经营主体为引领、多种经营规模协调互促的高质量蛋鸡产业经营体系。

（3）提高蛋鸡标准化养殖水平。聚焦科学化、合理化、规范化养殖，以适度规模为重点发展产业集群，全力推广规模化、标准化生产，加强蛋鸡规模化标准化体系建设，引导规模养殖场新（改、扩）建养殖设施，提升养殖产能和设施标准，进一步提升蛋鸡养殖标准化。深入开展规模养殖场标准化示范创建活动，通过培育标准化示范养殖场（户）和示范村镇，鼓励有意愿、有条件的养殖企业探索"小场变大场"，积极建设蛋鸡产业园区，充分发挥示范引领作用，推动蛋鸡养殖向标准化方向发展，全面提升现代蛋鸡产业发展水平。

（4）提供适度规模经营保障。建立动态农业政策调整机制，加大科技创新政策扶持，充分调动各类经营主体、广大农户参与的积极性和创造性。创新财政金融服务，健全、发展与适度规模经营目标同向的政策扶持体系，在投入、补贴、金融、保险等方面发挥政策支持的导向和激励作用，激发各类经营主体创新经营方式和组织形式的内生动力。

（二）养殖智能化

（1）推进蛋鸡养殖场智能化升级。鼓励和引导集约化、设施化水平较高的蛋鸡养殖场积极应用物联网技术和智能化装备，推进环境控制、精准饲喂、粪污处理利用、产品收集等设施的智能化改造，优化管理系统，强化数据分析应用，实现蛋鸡养殖装备智能化、管理精细化、生产高效化。聚合科研院校等资源，建立养殖户、养殖企业、科研机构等各方的信息共享平台，促进智能化养殖技术的研发、推广和应用，加强养殖户和养殖企业的智能化技术培训，提高养殖人员的技能水平，培养蛋鸡产业智能化发展所需的专业人才。

（2）推进蛋鸡产业链智能化转型。强化科技引领，积极推动数字技术在蛋鸡产业生产、加工、销售等各环节全链条广泛应用，提升产业发展质态和效能。积极引导有条件的企业加快全产业链数字化改造，立足前端饲料兽药和后端屠宰、加工、冷链物流等重点环节，加大新工艺研发应用和设施设备升级，建设智能化生产车间和智能物流配送体系，强化数据集成和信息互联。

（3）推进管理服务智能化提升。充分发挥大数据平台作用，加快智慧畜牧信息系统推广应用，构建优质高效的管理服务新体系，推动智能化服务转型升级。一方面，要加强培训指导，提高基层和养殖场户使用智慧畜牧信息系统的积极性，加强全环节的信息化监管，提升行业管理效能；指导有条件的养殖场逐步与智慧畜牧信息系统实现对接，实时推送相关数据，实现信息自动采集和智能监管,提升行业精准化管理与服务水平。另一方面,要做好系统宣传推广、运维保障等工作,及时协调处理系统运行过程中出现的各类设备故障和系统问题。同时,充分利用现代信息技术和手段,进一步拓展系统功能。

(三)发展产业化

(1)完善产业化经营模式。通过"龙头企业+技术推广单位+基地+合作社+农户"等组织形式,培养龙头带动、区域合作的降本增效系统,形成"小规模、大经营"的生产经营格局,鼓励引导小规模养殖企业抱团发展、联合壮大,打造产业利益共同体,最终实现产业化发展战略联盟。分类、分层、分批引进项目和企业,重点引进雏鸡孵化企业、饲料生产加工企业、鸡肉屠宰企业、鸡肉加工企业、蛋产品交易市场、蛋鸡产业科普园等相关配套企业,探索集蛋鸡新品种培育、数智化生产养殖、禽蛋产品精深加工、有机肥生产、流通、物流、品牌、电商于一体的蛋鸡全产业链生产模式,逐渐形成"市场培育、品种开发、科技示范、技术服务、生产加工、配送销售"为一体的产业化模式,加速形成龙头企业引领、配套企业支撑的产业集群,形成重庆市蛋鸡产业的空间集聚,以集群集约发展促进产业高级化、产业链现代化,实现产业化带动。

(2)推进全产业链发展。聚焦市场化导向,立足现有基础,优化产业布局,以产业集群化发展为主抓手,开展蛋鸡产业强链补链行动,加强蛋鸡产业链上中下游配套企业的融合度,大力培育生态旅游、预制菜加工、电商直播等新产业新业态,建立关系稳定、风险共担的产业链体系,在蛋鸡产业"强链、延链、补链"上补短板、强弱项、抓创新、促提升,推动高端补链、中段延链、整体强链,逐步形成以龙头企业为主导的产业集群和完整、完善、成熟的现代蛋鸡产业发展体系,形成显著的规模效应,打造重庆市蛋鸡产业集群核心竞争力,实现从价值链中低端向中高端的攀升,提升产业化水平。

(3)营造良好发展环境。优化产业发展的软硬环境,在硬环境建设方面,要加强交通、通信、能源等基础设施建设,改善养殖企业发展和创新的外部环境,加快企业集聚,提高产业集中度。在软环境方面,要纵深推进"放管服"改革,推动有效市场和有为政府更好结合,进一步"放"出活力和动力、"管"出公平和质量、"服"出便利和实惠。大力营造市场化法治化的营商环境,加大监管执法力度,兼顾柔性执法,营造公平有序的市场竞争环境,推进产业有序发展。健全适合蛋鸡产业发展的体制机制,强化各类资源要素保障,有针对性地完善涉及降本增效、产业转型、招商引资、人才引进、金融支持、用地保障、科技创新等方面的政策措施,积极帮助企业解决各方面难题,夯实产业发展的服务保障,促进产业化经营。

(四)产品品牌化

(1)制定品牌发展计划。按照"集中力量、整合资源、强化培育、扶优扶强"的思路,统筹制定全市禽蛋产品品牌发展计划,进一步调动地方政府抓品牌的积极性,引导养殖企业增强品牌意识,不断强化企业打造品牌的主动性,形成"培育一批、提升一批、推荐一批、储备一批"的禽蛋产品品牌发展良好局面。

(2)提升品牌科技含量。实施"全链条、全利用"产品开发战略,推动禽蛋产品由初级加工向精深加工转型,加大对品牌创新研发的投入,积极开发禽蛋产品、休闲食品、羽绒制品,满足市场多样化需求。引导养殖企业与科研单位合作,广泛运用现代养殖技术、信息技术等现代科技,推动产业提档升级,依靠科技创品牌。重点培训青年农民企业家,壮大重庆市禽蛋产品品牌建设的骨干力量,夯实品牌创建基础。

(3)宣传品牌价值文化。实施品牌营销计划,洞察消费者需求,挖掘品牌潜力,讲好产品品牌故事,以品牌创新促进品牌成长。通过直播活动、优质禽蛋产品进万家、全市禽蛋产品科普基地建设等工作,加大品牌鸡蛋的宣传推广力度。将"互联网+"推广与线下交易会结合,发挥电商赋能作用,拓宽产品销路,提升鸡蛋产品组合与蛋品溢价能力,提升品牌影响力,提升蛋鸡产品市场占有率、知名度和竞争力。

(4)强化质量安全认证。坚持"标准严格、程序规范、监管有力"的发展原则。加强产品标准化生产,加快标准化体系建设,逐步建立起以企业和地方标准为基础、以团体标准和行业标准为抓手、以国家标准为目标的完善的蛋鸡产业标准化体系,保障产品品质。政府充分发挥政府的政策引导和市场监管作用,加强对产品质量安全的监管,加大对产品品牌的保护力度,加强对产品品牌培育的指导和扶持,全面整合资源、集中力量,打造集聚集群发展模式，提升产品品牌的区域竞争力。社会要不断提高对品牌的重视和要求，倒逼企业进行改革和品牌创新，促进生产结构改革与产品品牌创新，进一步提高品牌创新能力。

（五）服务社会化

（1）建立新型经营组织联盟。充分发挥农户、专业大户、家庭农场、农民合作社和龙头企业的不同优势，提升整体经营业态。鼓励发展以农业龙头企业为核心、联结其他新型农业经营主体的产业联合体，以资金、技术、服务等要素为纽带，加强各类新型农业经营主体与涉农院校、科研院所之间联合，打造农业产业技术创新和增值，提升战略联盟，提升产业服务水平。

（2）健全社会化服务体系。围绕规范发展和质量提升，按照主体多元、形式多样、服务专业、竞争充分的要求，大力培育多种类型新型经营主体，加快培育蛋鸡产业社会化服务组织，推动成立重庆市蛋鸡产业社会化服务联盟，健全蛋鸡产业社会化服务体系。鼓励区县结合蛋鸡产业发展布局，充分发挥供销、邮政系统优势，组建区域性产业综合服务中心，着力盘活存量设施、装备、技术、人才和各类主体等资源，提升区域内产业社会化服务能力。鼓励相关部门、服务主体、行业协会等因地制宜制定服务标准和服务规范，鼓励龙头企业、行业协会、产业联盟等在引领社会化服务高质量发展中发挥示范和引领带动作用，打造服务样板范式，引导社会化服务提升规范化、标准化发展水平，促进社会化服务规范发展。

（3）探索多样化社会服务。鼓励各类服务组织围绕产前、产中、产后各环节，扩大服务半径，强化服务力量，拓展服务领域，因地制宜发展多种形式的服务模式，创新服务供给方式和联农带农利益联结机制，提供技术指导、物流渠道、信息化平台、技术培训等具有区域特色、满足行业需求的综合服务，使社会化服务向全产业链延伸、覆盖，满足农户多样性需求，形成服务主体多元化、服务内容和服务形式多样化的局面，提升规模服务经营能力。积极推进社会化服务数字化发展，依托新型农业经营主体建立综合服务超市，推进产业服务规模化，促进社会化服务供需有效对接。

（六）治理生态化

（1）加快转变产业发展方式。坚持"源头减量、过程控制、综合利用、末端治理"原则和"能源化利用、有机肥利用"两个导向，以"以种定养、以养促种、种养结合、农牧循环"发展方向，积极推进"减量化、资源化、无害化、生态化"治理模式，推广环境控制、粪污和臭气处理等生态健康养殖循环利用技术，实行养殖与环境治理齐抓并举，严格把控蛋鸡产业每一生产环节过程与结果输出的环保，改善养殖空间环境，推进机械化和智能化应用，促进蛋鸡产业绿色高效转型。

（2）积极提升绿色发展水平。坚持走绿色、高效、优质的现代蛋鸡产业发展之路，适时安排专业人员对蛋鸡养殖生产者进行系统化的低碳技术指导，营造绿色发展的舆论氛围，提升蛋鸡养殖生产者和禽蛋产品消费者对绿色低碳发展的认知水平。积极引导规模养殖场改造升级，新建场提前考虑环保和环评问题，做到布局科学、工艺流程合理、鸡舍内环境符合蛋鸡的生理特点和满足高产需要，实现蛋鸡粪肥的就近加工、区域消纳、种植配套增值。结合当地规划布局，以政府为主导，依托大型企业建设区域性的有机肥厂和病死畜禽无害化集中处理中心，探索形成蛋鸡产业的区域养殖消纳生态循环系统，解决中小养殖场户粪污处理和病死鸡处置等难题。

（3）加强疫病防控体系建设。加强不同养殖阶段的免疫程序设计，鼓励对不同规模的鸡舍采取不同的免疫程序，减少应激因素产生对蛋鸡的危害。明确蛋鸡主要传染病类型，制定科学方案，遵循预防为主、治疗为辅的原则，加强对疫病的有效防控，科学编制防控方案。引导建设适应市场需求的第三方防疫服务，引导和鼓励各区县组建适应于市场需求的第三方防疫服务组织。同时，加强进口检疫，防止禽流感病毒输入，实现蛋鸡健康养殖。

（4）健全激励约束机制。加快有机肥等相关标准和补贴政策制定，建立健全蛋鸡养殖业绿色低碳发展补贴机制，加强畜禽粪污相关政策、法律法规宣传，积极推进蛋鸡养殖业纳入碳市场。健全质量安全监测体系，强化常规的监督检查和抽检监测，推进健康养殖和标准化养殖，让养殖主体自觉转变思想观念，积极适应环保政策要求。

第五节　对策建议

（一）出台支持政策

按照畜牧业发展规划目标，结合国土空间规划编制，统筹支持解决畜禽养殖用地需求。加大对畜牧业发展使用林地的支持，依法依规办理使用林地手续。积极探索制定适合蛋鸡发展特点的金融政策，国有商业银行、政策性银行和农村合作金融机构要安排一定比例的信贷资金专项支持蛋鸡产业，创新金融产品，增加符合蛋鸡产业发展需求的贷款项目。加快建立蛋鸡产业信用担保体系，提供融资担保服务，逐步降低担保门槛，放宽对净资产比例的要求，提高信用贷款额度。推进蛋鸡政策性保险工作，加大地方财政补贴型鸡蛋价格指数保险工作力度。

（二）强化组织考核

为加快推进重庆市蛋鸡产业发展工作，成立重庆市蛋鸡高产业领导小组，由市政府领导任组长，市委、市政府分管领导任副组长，市农业农村委、市发改委、市财政局、市生态环境局、市自然资源局主要负责同志为成员，领导小组下设办公室，办公室设在市农业农村委，由市农业农村委主要负责人担任办公室主任，分管同志担任副主任。严格落实"菜篮子"负责制，因地制宜把蛋鸡产业列为巩固拓展脱贫攻坚成果同乡村振兴有效衔接的重点产业发展。把蛋鸡产业纳入乡村振兴实绩考核内容，强化考核成果运用，将考核结果与农业项目资金安排挂钩。

（三）强化区域合作

跟踪监测国内外畜产品生产和市场变化，加强技术交流与磋商，支持蛋鸡品种资源、良种繁育、疫病防控、饲料、肉蛋品加工与质量安全等领域的全国性交流合作，积极参与国家标准制定、修订。加大先进设施装备、优良种质资源引进力度。加快畜牧业走出去步伐，稳步推进畜牧业投资合作，开拓多元市场，扩大优势畜禽产品出口。结合成渝地区双城经济圈建设，开展成渝地区蛋鸡产业联动发展，在种鸡配置、鸡苗供应、蛋品销售、淘鸡加工等方面深化合作。

（四）实施重点工程

实施蛋鸡产业提升工程，按照"125111"思路，扶持建设1个祖代蛋种鸡场，2个300万羽蛋鸡场、5个100万羽蛋鸡场、10个50万羽蛋鸡场，1个蛋品深加工厂，1个年屠宰加工1 000万羽蛋鸡规模的现代化加工厂。

第六章
重庆市农产品市场供应体系建设现状及对策研究

党中央、国务院高度重视农产品市场供应体系建设，2023年中央"一号文件"明确指出，统筹农产品市场供应，确保农产品物流畅通。农产品市场供应体系建设涉及农产品从田间到餐桌的全链条和各环节，是畅通农产品市场流通、丰富农产品供给、繁荣城乡经济、构建国内大循环的重要保障。重庆集大城市、大农村、大山区、大库区于一体，农产品资源丰富，品类多、需求旺，但也存在地域性、季节性强，产销市场分布不平衡，基础设施建设滞后等突出短板。推动农产品市场供应体系建设，加快补齐农产品市场供应体系建设短板，完善农产品产区"最初一公里"仓储加工设施建设，推动跨区域农产品批发市场和干线冷链物流发展，提升农贸市场、菜市场"最后一公里"惠民功能，可有效促进农产品市场流通，不断满足和提升人民美好生活需要。

第一节 全市农产品市场供应体系建设现状分析

市委、市政府高度重视农产品市场供应体系建设，加大财政、税费等政策支持，农产品市场流通基础不断夯实，网络体系日益健全，流通效率明显提高，在促进乡村产业发展中发挥了重要的支撑作用。

（一）农产品产销体系持续改善

一是农产品直采基地建设逐步夯实。2022年，全市粮食、油料、水果、蔬菜播种面积分别达到 3 070.07 万亩、520.07 万亩、720.9 万亩和 1 218 万亩，产量分别达到 1 072.84 万吨、70.85 万吨、595.8 万吨和 2 272.4 万吨。全市肉类、水产品总产量分别达到 204.93 万吨和 56.63 万吨。累计发展家庭农场 3.26 万个，培育农业龙头企业 3 749 家，培育农业品牌总数累计达到 1 116 个。二是农产品批发市场和集贸市场建设逐步完善。全市已建成跨区域农产品批发市场一级 1 个、二级 79 个、城区菜市场 625 个、乡镇农贸市场 1 089 个，基本建成覆盖城乡、布局合理的三级农产品市场体系。三是农产品市场流通主体不断壮大。全市农产品销售市场主体已累计达 12.8 万户、注册资本金超 400 亿元，农产品市场主体发展迅速。四是农产品产销对接持续深入。农产品批发市场、商超、电商企业和经营户与基地开展产销精准对接，大力发展"订单农业"，依托市内外各类展会持续开展农产品推介，构建形成了一大批长期稳定的农产品产销合作关系。五是农村电商助销效果明显。电商已成为农产品销售的重要渠道，各地区大力发展数字农业、网络直播带货等新业态新模式，全市已培育电商市场主体 8.9 万家，建成农村电商公共服务中心 28 个、电商产业园（集聚区）33 个，乡镇及村级电子商务服务站点超 5 500 个，带动创业就业超 21.8 万人，17 个区县启动国家电子商务进农村综合示范创建，2022 年全市农产品网络零售额 185.9 亿元、同比增长 21%。

（二）农村物流配送能力稳步提升

一是农村物流基础条件持续改善。建成县级物流配送中心 63 个，商贸仓储面积达 1 500 多万平方米，建成冷库容量 190 万吨，已逐步形成以"冷链物流＋交易市场"为主，冷链加工、运输、配送为支撑的现代冷链物流体系，鲜活农产品保鲜能力不断提升。全市农村公路总里程达 16.2 万千米，每百平方千米密度居西部第一，建制村实现 100% 通畅，具备条件的村民小组通达率、通畅率分别达 100%、92.6%。二是农村寄递网络体系织密织细。"1+2+N"快递服务网络初步形成，邮政快递企业积极发挥"主力军"优势，在全市建设服务网点 1 273 个，基本形成"市级中心仓（2 个）—县级分拨仓（30 个）—县下周转仓（80 个）"三级邮政仓配体系，建制村直接通邮率持续保持 100%。京东、顺丰总部直营企业采取城区网点直营、乡镇网点代理、村级快件直投或转投方式，对用户进行二次免费投递，不断拓宽配送服务范围。中通、圆通、申通、百世、韵达等民营快递企业通过抱团合作或与交通、邮政合作等方式，实现"快递进村"服务全覆盖。三是农村共同配送和集中分拣分拨探索推进。采取邮快合作、快快合作、交快合作、快供合作等多种形式，在乡村探索推进共同配送。邮政快递企业市级分拨中心基本实现自动化分拣，永川、江津等区县初步实现集中分拣、共同配送，较之前降低人工成本40%，人均分拣能力提升60%。

（三）城乡供销水平明显提升

一是城区商业综合服务供给能力显著增强。全市商品市场体系日趋完善，年交易额超亿元或营业面积超1万平方米的大型商品交易市场达436个、营业面积超2 700万平方米，2022年交易总额达5 683亿元，城乡消费供给日益丰富。二是乡镇和村级商贸流通网络加快完善。全市已培育建设乡镇商贸中心585个、乡镇覆盖率约70%，建设和改造乡镇超市2 000余家、乡镇覆盖率达75%，承上启下服务农村居民、提质农村消费作用明显。全市现有村级便民日用品商店超2.1万个，行政村覆盖率达100%，基本满足了农村居民就近购物需求。三是大型商贸流通企业延伸服务有序推进。渝东北、渝东南17个涉农区县的3 517家商贸企业利用电子商务促进转型升级发展；潼南、垫江等区县推动工业、农业和传统商贸流通企业触网上线，不断拓展城乡消费供给服务范围；苏宁易购、重百超市、永辉超市、谊品生鲜等大型商贸流通企业积极适应市场发展趋势，不断拓展农村市场，已在乡镇分别建设商业网点152家、83家、58家和35家。

（四）农村市场秩序规范有序

近年来，市场监管部门积极适应形势变化，将监管触角向农村地区不断延伸，围绕农业生产资料、建材、家电、食品等重点商品，深入开展护农行动和专项执法检查，进一步畅通农村投诉举报渠道，严厉打击制售假冒伪劣食品违法行为，有效保障了农村市场消费安全。2022年，全市共取缔无照经营1 415户，查处无证无照经营案件495件，查处质量不合格农产品价值37.88万元、不合格和假冒伪劣农资价值84.84万元、不合格和假冒伪劣食品价值37.89万元、其他不合格和假冒伪劣商品价值2 764.4万元，起到了很好的震慑作用。

第二节　农产品市场供应体系建设的困境

（一）农产品市场基础设施建设滞后，流通载体有待完善

从农产品上行看，全市产地冷库需求量高达 80 多万吨，但已建成库容不足 4 万吨，且适宜蔬菜、水果等鲜活农产品存储的高温库较少。产地冷藏及配送设施仍显不足，农村地区冷藏运输车辆不足 2 000 辆，蔬菜、水果、肉类、水产品流通腐损率分别达 20%、11%、8%、10%，农产品流通"最初一公里"问题尚需持续解决。据统计，目前重庆市还有 4 个涉农区县未建以蔬果交易为主的农产品批发市场、11 个涉农区县未建设农产品集配中心、41 个乡镇未建设农贸市场，已建成的部分农批市场仓储分拣包装设施缺乏、检验检测和垃圾处置功能不够完善，大部分农贸市场设施老化、流通方式传统、流通效率低下，中间流通环节能力不足，推高了农产品上行成本。从工业品下行看，部分区县尚未建设大宗商品物流配送中心和统配仓库，仓库与配送散乱、安全隐患重、配送成本高、配送效率低；大部分乡镇商业设施缺乏统一规划，建设规模小而散，中型商业设施不足，连锁超市和专卖店开设数量较少；农贸市场尤其是偏远区县农贸市场基础设施薄弱，硬件设施老化，交易场所简陋，积水漏雨现象时有发生，卫生设施、给排水设施、通风设施等配套工程不齐全，摊位布局不合理；村级便利店档次较低、环境较差、商品不够丰富，消费供给能力总体偏弱。

（二）农产品规模化生产程度偏低，流通成本仍然较高

从生产规模看，全市土地适度规模经营面积 1 279 万亩、规模经营集中度仅为 37.5%，除柑橘、榨菜等少数产品较为大规模集中连片种植外，多数农产品布局分散、生产规模小，规模化生产不足导致集约化流通不够。从组织化程度看，大型龙头企业在全市农产品生产市场主体中占比仅为 1.5%，现阶段仍以农户、家庭农场、农民合作社等小规模经营为主，"公司＋农户""公司＋基地"等利益均联机制还不够完善，组织化程度低，流通成本较高。从物流运输看，重庆市地形地貌以山区丘陵为主，物流运距长、接运点分散、运输成本高，农产品流通环节的物流成本占比高达 30%~40%。

（三）农产品市场信息化智能化应用不足，流通效率有待提升

农产品交易"便捷化"不足，现有大型商品交易市场、农产品批发市场和农贸市场大多满足于现状，不愿增加企业投入，多数市场以"三现"交易为主，盈利模式单一，管理方式传统，数据化处理能力欠缺，平台化、信息化和智能化水平不高，制约了市场流通效率的提升。物流配送系统"智能化"不足，大部分区县物流配送中心、储存配送仓库和配送网点的信息化、标准化水平不高，人工搬运、手工分拣、手工查找、手工登录不同程度存在，仓储、分拨和配送的自动化、智能化、一体化水平普遍较低，物流运输过程中的信息跟踪、调度等环节不够高效，影响农产品的及时配送和流通效率。前瞻性规划中的"数字化"不足，新建大型市场、物流配送中心和配送网点未适应商贸流通和物流现代化发展趋势需要，对信息化、智能化、数字化规划建设不足，前瞻性不够，导致部分流通设施建成之日即落后之日。

（四）农村市场监管力量薄弱，流通新业态监管缺位

乡村监管机构和监管力量普遍不足。市场监管、农业农村、公安、商务、城管等部门联合执法不多、信息共享不畅，监管缺乏整体合力。针对新出现的流通业态及时跟进监管不够，尚存在监管盲区，如巫溪、秀山等地出现流动售货车（流动超市），相关部门对其商品质量和食品安全监管不到位。留守在广大农村的多为老人和儿童，消费理念陈旧，维权意识较弱，给假冒伪劣商品流入农村市场提供了可乘之机。

（五）建设投资重叠同质，政策资源亟待整合

农村商贸流通和物流配送体系涉及商务、邮政、口岸物流、交通、农业农村、供销等多个部门，点多面广。目前市级层面统筹有限，各部门分线作战，存在重复投资建设现象，农村商贸流通和物流配送资源特别是末端资源缺乏有效整合。比如：商务部门电商服务站点、农业农村部门"益农信息社"、供销部门"村村旺"、中国邮政"邮乐小店"等均在乡村末端设立了网点，但缺乏有效整合，资源比较分散，存在无序竞争现象，经营效果均不理想。调查表明，67%的村党支部书记代表认为多部门末端网点应该尽早整合。比如：商务、农业农村、团委等部门均针对农村新业态开展培训孵化、给予政策扶持，但存在教学内容重复、农民参训积极性不高、培训效果欠佳等问题。

第三节 国内外农产品市场供应体系建设的经验借鉴

农产品市场供应体系建设是促进农产品上行和工业品下行的关键，是推动农民增收致富和实现人民高质量生活目标的关键所在，无论是从我国发达地区还是发达国家经验来看，农产品市场供应体系建设都需要公益性、市场硬软件建设和流通主体等多方面的支持和保障。

（一）发达国家农产品批发市场发展经验

发达国家农产品进入市场主要有两种形式：一是通过订单农业直接进入消费市场。以欧美为代表的大农场生产、农业实行规模经营的国家，80%的农产品从生产基地直接进入超市等消费市场，农产品批发市场的份额约占20%。二是通过农产品批发市场进入消费市场。农产品批发市场发挥着农产品集散、价格形成、信息发布、产品促销、结算、调节供求、引导服务等功能。以日本、韩国为代表的农业生产规模较小的国家，农产品多数是通过批发市场集货再进入超市、农贸市场。发达国家农产品批发市场发展有许多成功的经验值得我们学习借鉴。

（1）依法管理，政府主导投资建设。发达国家纷纷通过建立健全法律政策体系和加大政府投资力度，来规范农产品批发市场的发展、运行和功能发挥。这些法律政策明确了农产品批发市场的设立、经营管理和风险控制等方面的规定，为其健康有序发展提供了有力保障。在市场投资建设方面，发达国家重视农产品批发市场的公益功能，并充分发挥公共财政的杠杆作用，实行政府主导下的多元化投资模式。特别是大型批发市场建设资金主要来源于公共财政，以增强市场的抗风险能力和可持续发展动力。例如，日本作为农产品批发市场的发源地，已经形成完善的法律政策和运行机制，《批发市场法》《日本蔬菜生产上市安定法》《农业协同组织法》等法律明确规定了农产品批发市场的设立、经营管理、风险控制等各项细则，确保其规范化、透明化运作。再如，韩国政府自20世纪50年代以来，一直致力于农产品批发市场的公营化改革。截至2003年，全国已经建立了32个现代化公营农产品批发市场，形成了以公营农产品批发市场为主体的批发市场体系。公营农产品批发市场成交量已经占据了全国农产品成交量的50%以上。这些公营农产品批发市场由中央和地方政府共同出资建设，例如，韩国首尔的可乐洞农产品综合批发市场建设总投资为933亿韩元，其中中央政府出资40%、首尔地方政府出资60%。公营化的模式不仅稳定了农产品的价格，也有利于维护消费者的利益。

（2）超前规划，注重合理布局。发达国家在遵循农产品流通客观规律的基础上，合理布局并划分市场与功能分区，以推动农产品批发市场的现代化发展。例如，法国最大的农产品批发市场——伦吉斯市场，位于巴黎西南郊维尔马斯地区，其选址布局的合理性体现在：市场入口紧邻高速公路，为农产品通过高速公路快速分销到欧盟邻近各国提供了便利条件。该市场内部划分为九大功能块，各功能块之间的通道畅通无阻。其中，经营功能集中在市场的中心位置，而管理和后勤服务功能则设在周边区域，以便为经营区域提供直接服务。此外，停车场设施也分布在每个主导业务经营区域附近，为市场运营提供了极大的便利。

（3）功能完善，环保服务规范标准。发达国家的大型农产品交易市场除了传统的交易功能外，服务功能和信息功能也十分完善。以韩国可乐洞农产品批发市场为例，其设施现代化，各种配套功能一应俱全。市场内设有必要的配套设施，冷冻仓库4 870平方米、立体式停车库13 878平方米以及废水处理场214平方米。此外，还有银行、餐厅、加油站、药店等公共服务设施，为商户和消费者提供了便利。同时，为了符合环保要求，每个批发市场都建设了废水处理场，确保环境保护的规范和标准得到贯彻。

（4）高效流通与交易，发挥农协重要作用。日本农协是组织农民进入流通领域的重要机构，是一个具有强大经济力量的全国性农民经济团体。根据日本法律规定，中央批发市场必须由政府主办，而地方批发市场可以由农协、商社等法人团体主办。日本农协是以1974年国会通过的《农业协同组织法》为基础，由农户自愿联合组织而成的群众经济组织。该组织在农产品流通的各个环节中发挥着不可替代的作用，包括组建农产品批发市场和集配中心、组织物流、商流、信息流以及农产品流通的结账等方面。目前，全国农协系统共有近3 000个集货所，以及一个全国运输联合会，下设多个运输组织，确保农产品以高保鲜度迅速运到批发市场。这些设施和服务充分保障了日本农产品的高效流通，并极大地促进了农产品的交易与分配。

（5）严格准入，推行高效竞争机制。发达国家对农产品批发市场交易参加者有严格的资格审查和规定。生产者、批发商、零售商等必须通过特定资格审查方可进场交易。日本在鲜活农产品供应方面，建立了农产品产地追溯制度、农产品质量认证制度以及品牌和信誉体系。代理批发商和中间批发商进入批发市场必须遵守法规、诚实守信、具备实力和信誉。价格形成主要采用拍卖制，竞争激烈，以最高出价者获得产品。有实力、经营得法和诚信的批发商得以发展成为批发株式会社，而实力不足、经营不善或缺乏诚信的批发商则会在激烈竞争中遭到淘汰。

（6）交易发达，科学技术应用广泛。目前，世界上的农产品批发市场交易方式主要包括拍卖交易和传统的商品交易。拍卖交易方式，如日本和荷兰的批发市场，能够有效确保交易价格的公开和公平。在拍卖交易中，市场的运营管理方和市场业务参与方扮演不同的角色。日本采用现代化的电子设备进行拍卖交易，并通过银行迅速、准确地处理货款结算。相比之下，国外农产品批发市场中的面对面交易只占很小比例，主要应用于一些难以标准化的农产品交易。

（二）国内部分地区农产品市场供应体系建设经验

（1）山东。运营成熟、体系完善。为适应本地农业产业发展，山东省选择规模较大、产地集中、前景广阔的蔬菜产业为主要支柱，建设农产品批发市场。目前，全省已投入运营的交易、服务、加工、管理四区分明和交易、治安、交通秩序良好的各类农产品批发市场累计715个，其中11个被农业农村部命名为全国鲜活农产品中心批发市场。这些批发市场将本地70%的蔬菜销往全国30多个省区市。依靠当地丰富的蔬菜资源，组织大量蔬菜输出，山东寿光农产品批发市场成为全国最大的蔬菜集散地，年交易量高达260万吨。在促进本地蔬菜销售的同时，该市场还吸引了大量外省份的名优特菜涌入寿光市场，再由外地客商运销到全国各地，成为全国重要的蔬菜集散中心、价格形成中心、信息交流中心，构建出"没有卖不出的菜，没有买不到的菜"的良好局面。

（2）河南。设施齐备，服务优质。按照现代化市场发展的要求，河南省打造标准化、规范化、现代化的农产品物流中心。在硬件上，在城乡接合部

105国道与310国道交汇处，建设占地1 100亩、总建筑面积35万平方米的现代化农产品中心批发市场，设有12个经营区，拥有交易大棚、冷库、电子结算、检验检测等一系列配套服务设施。在软件上，坚持规范管理，推行管理人员、规章制度、承诺服务、收费标准、经营效益等"五公开"和物业管理、税费征收、卫生保洁、货运装卸、执法检查、治安防范的"六统一"，为商户开展代购、代销、代储、代运等服务，创造一个良好的经营环境，成为豫、鲁、苏、皖四省交界处最具规模的农产品综合批发市场和全国农产品批发行业十强市场。

（3）云南昆明。培育主体，创新拍卖交易机制。在培育农产品市场主体上，昆明市通过发展农业合作社、农民专业合作社、农民合作经济组织等形式，推动农民参与农产品市场化经营。鼓励农民参与农产品加工、包装、品牌建设等环节，提高农产品附加值和竞争力。在创新拍卖交易机制上，昆明市通过拍卖的方式进行农产品的销售，提高农产品的市场透明度和竞争性。昆明市建立了农产品拍卖交易平台，通过线上线下相结合的方式，为农产品的买卖双方提供便利和保障。同时，昆明市还加强对农产品拍卖交易的监管，确保交易的公平、公正和合法。在加强市场信息服务上，昆明市通过建立农产品市场信息平台，及时发布农产品的市场行情、供需信息等，为农民和农产品经营者提供决策参考。同时，昆明市还加强对市场信息的分析和研究，为农产品市场供应体系的建设提供科学依据。

（4）台湾地区。注重源头管理，推行认证制度。重视农产品生产过程管理，把推行农产品质量认证作为保证农产品质量安全的源头和关键环节。在果蔬方面，推行GAP（吉园圃）、CAS（优良农产品）认证；在畜牧方面，推行ISO、HACCP和GMP认证。通过质量认证，提高了农产品的质量安全水平，树立了品牌农产品在市场中的信誉。为了实现农产品交易的快捷、公平、安全、经济，市场首先建立了无纸化电子结算系统，由原来简单的"钱货两讫交易模式"发展为全场自动化交易，实现了市场对交易品种、数量、等级、价格、产地、销地、成交时段、日期、购销双方等信息的即时、准确统计，使农产品质量溯源追踪成为可能，并通过对外发布信息，引导促进商户经营及扩大销售、调整农业结构、提高农产品质量。推行标准化生产、建立农产品质量可追溯制度、强力推行农产品认证等做法，在促进台湾地区农业精品化、农产品信誉化方面发挥了重要作用。

（三）经验与启示

当前，重庆市正在加快推进食品及农产品加工业发展，同步加快农产品市场供应体系建设是我们面临的重大课题。国内外推进农产品市场供应体系建设的实践经历与经验做法，对重庆市发展农产品市场供应体系建设具有有益启示，可结合重庆市市情农情予以借鉴。

启示一：凸显现代化农产品批发市场的公益性。政府作为农产品批发市场的投资主体，源于农业在国家经济中的基础地位以及农产品作为人民生活的必需消费品这一特性。市场的公益性质必须由公共财政来保障，民营资本难以有效承担这一责任。尽管重庆市农产品批发市场建设已引入民营资本投资，对社会资源利用产生积极影响，但民营企业在追求经营利润最大化的同时，往往忽视农产品批发市场的公益性质，以及市场作为生产和消费的桥梁对农业生产安全、食品消费安全的深远影响。无论市场经济发展到什么程度，我们都必须始终重视农产品批发市场的公益性质。在制定相关政策和规划时，要确保充分发挥农产品市场公益属性，保障农业生产的稳定和食品消费的安全。

启示二：科学规划布局现代化农产品批发市场。为避免重复建设和过度竞争，要根据经济发展水平和农产品流通需求，合理布局农产品市场供应体系。只有经过严格论证、详实规划并符合条件的项目，才能得到政府在土地、资金和政策上的支持，才能提高农产品市场供应体系建设水准，降低运行成本，并充分发挥其作用。现代农产品市场供应体系建设应与产业发展布局相结合，按照农业区域化布局和标准化生产的要求，大力推行农业标准化。同时，加快发展无公害农产品、绿色食品和有机食品，进一步提高农产品的质量和安全水平，并搭建良好的农产品贸易平台。

启示三：大力培育农产品市场交易主体。农产品批发市场的成功与否取决于市场内交易主体的发展状况。只有拥有实力雄厚、善于经营且行为规范的批发商，农产品市场供应体系才能高效运转。我们应借鉴国际通行做法，积极引导现有经营主体转变经营模式，扩大经营规模，朝着现代企业法人的方向发展。同时，要发挥行业协会和中介组织的作用，连接农户与市场，促进产销沟通。引导、吸引、推动农民加入协会，提高参与交易农户的组织化程度，提高农产品批发市场的运行效率，促进农产品批发价格的合理形成。

让行业协会和中介组织真正成为农户与批发市场之间的桥梁。

启示四：探索创新农产品市场交易方式。发达国家农产品批发市场采用拍卖、合同交易等合理、高效的方式进行交易，确保农产品价格公正、透明、合理，真实反映市场供需关系，正确引导农业生产。鉴于重庆市农产品交易受农业生产水平和传统习惯的影响，目前仍以面对面交易为主，不具备推行拍卖等方式的条件。我们应正视现实情况，遵循农产品交易规律和特点，在有条件的地方积极探索新的交易方式，逐步推广拍卖、合同交易等方式，推动农产品交易方式的整体创新。

第四节 对策建议

（一）加强整体统筹，形成工作合力

贯彻落实国务院常务会议有关精神，探索建立市政府牵头的农产品市场供应体系建设联席会议制度和农村物流配送体系，建设工作协调机制，加强市级层面的统筹调度，推动各职能部门在信息共享、项目推进、平台建设等方面加强协作，形成工作合力，共同推进农村商贸流通和物流配送体系建设。发挥政府职能部门的主观能动性，扎实推进农业农村部等17个部门《关于加强县域商业体系建设促进农村消费的意见》的执行，细化责任分工，制定切实可行的实施意见或方案，明确建设目标、重点任务和推进措施，加强政策引领和业务指导，解决农产品市场供应流通中的难题和瓶颈。坚持市区联动，多部门协同推进农产品市场供应体系建设，并将其纳入乡村振兴工作考核范围，确保工作落地落实。同时，发挥区县的主动作用，以县（区）为单位，在部分区县开展农产品市场供应体系建设试点，加强各级各部门政策整合，实行区县统筹、部门指导，探索成熟的建设模式并在全市范围内推广。

（二）完善载体建设，夯实流通基础

一是加快补齐冷链设施短板。针对重庆市冷链设施"中间多两头少、低温多高温少"的现状，加大专项资金支持力度，在农产品集中连片区域加快完善冷藏保鲜设施,大力发展田头市场和产地集配中心,推进节能型通风贮藏库、机械冷库和气调贮藏库建设,加大农村冷藏运输车辆购置补贴力度,不断增强鲜活农产品仓储保鲜能力和错峰销售溢价能力,降低农产品腐损率。二是做优农村流通骨干网络。加强政策引导,注重规划引领,提质推进城区商贸综合服务中心和大宗商品物流配送中心、配送仓库建设,推动城区商品市场优化升级,因地制宜建设一批乡镇商贸中心,进一步提升农村地区消费供给能力和水平。落实区县属地责任,进一步优化区域性农产品批发市场布局建设,推动传统农产品批发市场转型升级,加快城乡老旧农贸市场改造提升,推进标准化智慧化市场建设,不断完善农产品流通市场体系。三是健全完善农资流通网络。支持供销、邮政发挥农资流通主渠道作用,鼓励引导社会力量广泛参与,积极发展直供直销、统一配送等流通模式,整合利用各类农村商业服务网点,拓展开展农资购销配送服务,拓宽农资流通网络覆盖范围。四是畅通终端流通渠道。依托农产品市场供应体系建设,加强现有村级夫妻店改造,大力发展一批新型乡村便利店,支持便利店与电商服务站点、益农信息站点、村邮站等共建共享,拓展经营服务范围,增强流通终端自我造血功能。

(三)强化物流整合,降低流通成本

一是加强网络整合。聚焦农村物流,以区县为发展单元,强化当地政府统筹,坚持政策引导和市场主导,大力支持交通运输、供销、邮政、商务等行业统筹自身资源和渠道,协同推进乡村客运网、邮快网、物流网、旅游网、商业网等"多网合一",推进完善集散分拨中心和县乡村三级物流配送网点,加快构建形成"一网多用、一点多能、功能集约、便利高效"的农村物流配送体系,促进农村物流网络集约共享、融合发展。二是发展共同配送。加强区域发展统筹,推广应用干支结合、城乡一体、同步仓储、末端共同配送模式,鼓励实体商业和电商快递物流协同,推进城区日用消费品、农资下乡与农产品进城的双向共同配送物流资源整合,提高农村寄递物流网络连通率和覆盖率,集合资源降低农村地区物流运输成本。推进实施"快递进村"工程,支持在较大的乡镇建设一批兼具货运物流、邮政快递、供销、电商、农产品销售等功能于一体的农村综合服务节点设施,推动"快递进村"降本增效。三是加强信息集成。依托区县物流网络体系和物流企业纵深服务网络，因地制宜分级打造农村物流公共信息服务平台，强化农村物流信息整合，促进农村地区物流信息开放互联、资源共享，促进农村物流高效运行。

（四）壮大市场主体，增强流通动能

一是壮大骨干流通企业。引导一批市级大型农产品、商贸流通企业下沉区县和乡镇发展，延伸服务触角，增强以农产品、农用物资为重点的农村消费供给能力。支持培育一批县域重点商贸流通企业，通过减税降费、以奖代补、专项培训等举措，引导推动现有商贸流通企业转型升级，鼓励发展直营连锁、加盟连锁等经营模式，深耕拓展乡镇和村级服务领域，不断扩大经营规模，增强服务能力，深化大数据、智能分拣、无人配送等新技术应用，提升流通企业智慧化、集约化发展水平。二是扶持壮大商贸物流企业。依托供销、邮政等重点龙头企业和快递物流企业现有资源，坚持因地制宜、扶大扶强，做深做透农村地区物流配送体系，形成农村商贸物流规模效应。三是培育壮大电商经营主体。接续推进电子商务进农村综合示范工程，扶持现有农村电商企业主体做大做强，支持供销"村村旺"、邮政"邮乐小店"等电商平台延伸供应链、物流链，积极发展统购统销、产销对接等业务，推进农产品上行和工业品下行融合发展。加强农村电商人才培训、项目孵化和直播带货等服务，加大信用和金融支持力度，培育发展一批农村新型商业经营主体，助力农村商贸流通提质发展。

（五）做强规模品牌，提升上行能力

一是持续推进优势农产品规模化发展。围绕柑橘、榨菜、脆李、高山稻米、辣椒、花椒、油茶、中药材等传统优势农产品，推进现代农业产业园区、现代农业示范区、特色农业产业集群、特色农业产业强镇打造，提高主导农产品规模化、标准化种植水平，提升农产品商品化处理能力和集约化生产效益。二是着力提高农产品流通组织化程度。加强农民专业合作社、农业产业化联合体、农村集体经济组织建设，把分散经营的农户、家庭农场、农民合作社、农业龙头企业联合起来，建立风险共担、利益共享的利益联合体，共同面对农产品销售市场，增强议价能力；壮大新型农业经营主体，实施家庭农场培育计划，开展农民合作社规范提升行动，壮大农业专业化、社会化服务组织。三是不断增强商品化处理能力。持续开展农产品"两品一标"认证，加强农产品产地品牌培育和公共品牌塑造，推进"一村一

品""一品一标"打造，强化品牌推介，不断扩大重庆市农产品品牌影响力和提升市场竞争力；持续提升农产品生产企业和专业合作社的商品化处理能力，推进农产品精深加工，提高商品转化率，增加产品附加值；推进农企对接、农商对接，减少农产品流通环节，降低流通成本。

（六）严格执法监管，净化流通环境

一是健全农村市场监管体系。加大执法力量下沉力度，加强农业农村、市场监管、公安等部门协作配合，建立完善城乡联动和流通领域执法信息共享共用机制，推进农村商务信用体系建设，构建起行政执法、行业自律、舆论监督、群众参与相结合的农产品市场监督体系。二是加大执法办案力度。深入开展农村市场假冒伪劣商品整治行动，依法打击假冒伪劣、虚假宣传、以次充好、以不合格产品冒充合格产品、价格欺诈等违法行为，不断规范市场秩序，净化农村消费环境。三是依法维护群众权益。加强农村群众宣传教育，增强农村消费者维权意识。畅通农村消费投诉举报渠道，切实保护消费者合法权益。逐步完善重要产品信息化追溯体系，加强产品质量管控，确保人民群众安全放心消费。

（七）加强政策引导，激发发展活力

细化实化财政、金融、税费和土地等政策举措，引导和鼓励社会资源积极投身于农村商贸流通和物流配送体系建设，为农村商贸流通注入新的发展动能。一是加大财政投入。聚焦农产品上行和工业品下行两条主线，将农产品生产、流通与物流基础设施建设、市场主体培育、电子商务发展、末端物流整合等纳入各级财政重点支持范畴，突出政策的导向性，助力农村商业发展。二是强化金融赋能。加强与金融机构合作，创新投融资模式，有序引导金融和社会资本加大投入力度，设计更多适宜的金融产品，助力农村商贸流通和物流配送体系发展。三是落实各项优惠政策。认真落实促进农村商贸流通和物流配送各项税收优惠政策，执行国家有关下放审批权限和清理乱收费各项规定，继续扩大鲜活农产品运输网络和品种，完善鲜活农产品运输"绿色通道"政策。给予农村商贸流通和物流配送体系建设土地支持政策，降低农村流通载体建设成本。

第七章
重庆市生态农场发展技术路径与政策研究

　　生态农业是按照生态学和经济学原理，运用现代科学技术成果和管理手段，以及传统农业的有效经验建立起来的，能获得较高的经济效益、生态效益和社会效益的高效农业，是可持续的农业发展模式，是我国现代农业的重要发展方向和主导模式。生态农业自20世纪30年代提出以来，先期逐渐在瑞士、英国、日本等国家发展，到20世纪90年代，欧洲各国加大了对生态农业的重视力度，从政策上对生态农业予以支持，在这一时期生态农业得到了较快发展。我国自20世纪80年代引进并试点生态农业，开展生态农业示范户、示范村和示范乡、示范县建设，过去一家一户传统农业生态模式成为典型的最基本生态农业模式，重庆市大足区和渝北区先后获得全国生态农业示范县称号。

　　但随着社会经济发展和农业农村生产经营方式的变革，农业生产社会化和专业化分工愈加精细，传统农业内部生产循环链被打断，种养脱节，以户为单位的基本生态农业链断裂。同时，我们过去提倡的生态农业多以区域性发展为主，农业经营主体管理水平和投资能力不足以支撑大区域生态农业发展，各农业产业生产经营主体有各自的经营管理理念和利益诉求，地方政府和部门参与协调的难度较大，生态农业发展缺乏有力的抓手和载体，生态农业发展较缓慢。

　　党的十八大以来，以习近平同志为核心的党中央高度重视生态文明建设，坚持生态优化、绿色发展，以钉钉子精神推动农业面源污染防治，先后实施农药化肥减量行动、畜禽养殖废弃物资源化利用整县推进、水产养殖尾水治理、秸秆综合利用等系列重大专项行动，农业农村生态环境持续好转，生态农业再次提上农业发展的重要议事日程。2022年1月，农业农村部印发《推进生态农场建设的指导意见》，明确提出把生态农场建设作为推动农业生产"三品一标"的重要平台和有力抓手。重庆市地处三峡库区腹心地带，长江上游重要生态屏障，立体气候显著，小规模、多品种、高品质是全市农业典型特征，以生态农场为载体推动全市生态农业发展，既具有现实的必要性，也具备发展的优势条件。

第一节 生态农场对推动重庆市农业农村现代化发展的重要意义

生态农场是生态农业发展的基本单元，是推动农业生态化转型发展的重要实施载体和有效抓手，是新形势下农业走绿色、低碳、循环发展的必然选择和未来农业发展的重要方向。推进生态农场建设，是贯彻习近平总书记生态文明思想、推进生态文明建设的重要举措，是提高农业质量效益和竞争力的有效实践，是推进品种培优、品质提升、品牌打造和标准化生产措施落地的有效载体，对促进中国农业可持续发展、加速我国农业现代化进程具有十分重要的意义。

（一）生态农场建设是顺应农业经营方式变革的必然选择

专业化和适度规模化是农业发展的必然趋势，农业龙头企业、专业合作社、家庭农场等新型经营主体已成为实现乡村振兴战略的重要力量。截至2021年年底，全市累计发展家庭农场3.3万个、专业合作社3.73万个，培育农业生产社会化服务组织11 052个，农业产业化龙头企业3 991家，其中国家级51家、市级898家、区县级3 093家；上市龙头企业达到38家（OTC），组建市级产业化联合体44个；家庭农场承包经营耕地流转面积达到1 529.8万亩，流转率达到44.1%；累计培育高素质农民23万余人。新型农业经营主体不仅是推动现代农业发展的重要力量，更是未来满足市民生态农产品供给的市场主体，把新型经营主体培育为生态农业的践行者和执行者，推动生态循环农业产业化、实体化发展，是确保农产品质量安全和提升农业产业综合效益的必然选择。

（二）生态农场建设是推进农业绿色发展的有力抓手

2021年，农业农村部、国家发展改革委等6部门联合印发的《"十四五"

全国农业绿色发展规划》明确指出，打造一批生态农场样板，率先运用绿色生产技术，开展标准化生产，提高绿色技术示范应用水平。农业是一个高效稳定并能自我循环的生态系统，农业产生的废弃物一般为有机物，一个农业产业（比如种植业）产生的废弃物（秸秆），同时也是另一个农业产业（牛羊）的重要"食物"资源，农业生产内部循环通畅，可实现系统的自我发展，是最容易实现绿色发展的产业，过去"一家三五亩地两三头猪"是最原始的农业绿色发展模式。重庆市是大城市带大农村格局，全市农村占95%，农村常住人口占29.68%，全市粮食种植面积达到3 019.8万亩，蔬菜1 187万亩，特色经济作物2 143.88万亩，是庞大的绿地和湿地系统，农业绿色发展对推动全市经济绿色发展具有重要的促进和示范作用。推进生态农场建设，从单个的具有生产决策权和要素使用权的市场主体入手，从源头强化产业布局规划，精准推广生态农业技术，可避免走过去生态农业发展片面强调区域协调性而忽视参与主体的自我循环的老路，有利于由点及面推动区域性农业绿色转型发展。

（三）生态农场建设是满足消费者对生态产品日益增长需求的有效途径

我国正在进入由数量消费向质量消费、由商品消费向品牌消费的过渡阶段，广大消费者对安全、优质、健康、营养的生态农产品的需求逐年扩大，对生态农产品的消费习惯正在养成。据有关调查，66.25%的消费者愿意购买生态农产品，以有机食品为例，自2018年盒马鲜生有机菜项目启动以来，其有机菜在蔬菜品类的销售额占比从8%提高到2021年的20%；2021年8月，盒马自有品牌"有机鲜"的销售额同比上年增长超过30%。有统计表明，有不少消费者甚至愿意多花20%~30%的价格选择绿色食品，全国有机食品消费市场正以每年25%的速度增长。乡村旅游正成为新的旅游业态和新趋势，已步入发展的快车道，成为农业农村经济新的增长点。2021年全市乡村旅游接待游客2.33亿人次，经营收入达到796亿元，较2020年658亿元增长21%，发展势头强劲。乡村旅游本质上是回归"故乡"，寻找"乡愁"，欣赏乡村自然风情，体验乡村传统民俗文化，是一种以生态旅游为理念的乡村旅游活动，良好的生态环境是最普惠的民生福祉，是农村最大的财富和资源。特别是重庆市山地农业的现状，"巴掌田""鸡窝地"较多，耕地

"碎片化"突出，农业生产在总量和单产上均不具备优势，充分利用现有的自然资源禀赋，加快生态农场发展，为广大消费者提供更多的生态产品，既符合当前的消费市场需求，又有利于提升农业附加值，增加农业经济效益。

（四）生态农场建设是落实生态农业技术政策的有效载体

生态农场作为生态农业的具体实践单元，在地理区位、经济属性和经营主体等方面均有具体的指向。其最显著的特点是责任主体明确、生产边界清晰、市场灵活性高，在带动农户发展专业化、标准化、绿色化生产方面具有明显优势。从欧美发达国家的农业政策实施来看，欧盟的共同农业政策（CAP）、英国的连接环境与农业联盟（LEAF）均是以各类农场为实施主体，通过最广泛的农场参与来落实环境保护技术和政策。生态农场经营主体较为年轻、受教育水平较高，是目前农业生产最活跃、最具接受新事物能力的群体。据农业农村部农业生态与资源保护总站对全国15个省市468家生态农场调查，生态农场经营者的平均年龄为47.5岁（全国农民平均年龄55岁），高中及以上学历占3/4。对合川调查，农村从事农业生产的劳动者基本为65~75岁的老年人，65岁以下的人数只占1/3左右，对新技术的接受应用能力不足。以生态农场为主体，开展农业生产"三品一标"技术推广，有利于现代农业生产技术快速普及应用，切实提升农业生产水平。

第二节 国外生态农场发展及其影响

生态农业最早于1924年在欧洲兴起，20世纪30—40年代在瑞士、英国、日本等得到发展。20世纪60年代欧洲的许多农场转向生态耕作，70年代末东南亚地区开始研究生态农业，走可持续发展的道路成为世界各国农业发展的共同选择。

（一）国外生态农场发展主要模式

（1）投入品减量模式。工业化发展理念引入农业生产后，农业生产者追求以最少的投入获得优质的高产出和高效益，最大限度地优化使用农业投入（如化肥、农药、水、种子等），减少使用化学物质，保护农业生态环境，我们又称之为"精准农业"。美国是世界上最早践行精准农业的国家，也代表着这一领域最先进、最前沿的发展水平。1990年后，美国将GPS系统技术应用到农业生产领域，明尼苏达州农场进行了精准农业技术试验，用GPS指导施肥的作物产量比传统平衡施肥作物产量提高30%左右。试验成功后，小麦、玉米、大豆等作物的生产管理都开始应用精准农业技术。目前美国精准农业技术主要应用于规模化、集成化的大型农场，普及率在60%~70%，预计未来5年，美国精准农业市场将以每年5.3%的速度增长。精准农业技术的应用使美国得以用仅占人口总数2%的农民养活了3亿多的美国人，并且成为全球最大的农产品出口国。

（2）产业循环模式。利用生态系统中种群相生相克关系、生物与环境关系的基本规律来安排与组织农业生产，在农业经营主体内或通过经营主体之间的联合，实现生态农场的"整体、协调、循环、再生和多样"，构筑"主体小循环、片区中循环、区域大循环"。菲律宾玛雅农场就是其典型代表之一，农场最初只是一个面粉厂，为了不浪费麸皮，建立了养殖场和鱼塘。为了增加收入，又建立了肉食加工和罐头制造厂，对畜产品和水产品进行深加工。到1981年，农场拥有36公顷的稻田和经济林，饲养2.5万头猪、70头牛和1万只鸭。为了控制畜禽粪肥污染、循环利用加工厂的废弃物，农场建立起十几个沼气车间，每天生产沼气十几万立方米，能满足农场生产和家庭生活所需的能源，产生的沼渣，除一部分回收用作牲畜饲料外，其余用作有机肥料。沼液经处理后，送入水塘养鱼养鸭，最后再取塘水、塘泥用来肥田。农田生产的粮食又送面粉厂加工，进入下一次循环。玛雅农场不用从外部购买原料、燃料、肥料，却能保持高额利润，而且没有废气、废水和废渣的污染，充分实现了物质的循环利用。从20世纪70年代开始，经过10年建设，玛雅农场形成了一个农林牧副渔良性循环的生态系统，已成为世界生态农场的典范。

（3）废弃物资源化模式。通过农业废弃物多级循环利用，将上一产业的废弃物或副产品作为下一产业的原材料，实现废弃物的减量化和资源化，提高资源利用率。日本菱镇是发展该生态农业模式较早且较成功的地区。菱镇将家禽粪便以及企业的有机废弃物作为原料投入到发酵设备，产生的甲烷气体用于发电，剩余的半固体废渣进行固液分离，固态成分用于堆肥和干燥，液态成分处理后再次利用或者排放（排放时已基本对环境无害），实现废弃物的高度资源化和无害化。日本爱东町地区也是废弃物资源化利用的典范。

爱东町地区进行油菜生产，油菜籽利用后遗留的油渣通过堆肥或饲料化处理得到优质的有机肥料或饲料；同时，处理站也回收废弃食用油，再加工处理成生物燃油。

（二）国外生态农场发展成功经验

（1）建立完善的制度保障。欧盟在20世纪90年代后对《欧盟共同农业政策》进行了改革，引入农业多功能性概念，强调对农业和农村可持续发展、农业生态环境的保护，把农村环境和农民生活环境改善作为重要内容，全面实施与产量脱钩的单一支付补贴制度，从对农业产品支持转向对农业生产的支持，使欧盟农业更具竞争力和可持续发展能力。日本在1999年和2001年出台了《可持续农业法》和《生态农业推广法》，以法律法规的形式将生态农业的推广固定下来，详细规定了国家在保障生态农业发展方面的责任和义务，中央及地方政府须对生态农业生产者和组织从技术开发、资金等方面进行支援。通过制度性规定加大对生态农场的扶持，推动其发展。

（2）政府持续的投入。20世纪80年代初，由于有机农业造成玉米等农作物的减产，实际利润减少，美国在有机农业、生态农业的基础上提出了"可持续农业"的新农作制度，强调农业在生态上能自我维持，多级循环利用，经济上又有高效益。为推动低投入的可持续农业的发展，美国加大了对生态可持续农业的投资力度，将农业生态环境保护补贴总额提高到220亿美元，同时加大科研投入，对经营生态农场的农民提供贷款担保和贷款利息补贴。

（3）实施规模化品牌经营。注重品牌的培育，依托大型农场和企业参与，充分挖掘当地农业天然的生态优势，开展规模化品牌经营，推动形成完善的生态农产品生产和销售体系，从而带动整个村庄的生态产业，既有效保护了原有的生态环境，又实现了经济效益的显著提升。比如德国著名的生态农场——柏多文村，自20世纪80年代，随着德国民众对高品质农产品和环境保护的诉求日益增加，柏多文即开启生态农业发展之路。1991年成立了集体农业企业，将自产的绿色产品统一以"柏多文生态村"品牌对外销售，通过规模化品牌经营获得市场高度认可，自产牛奶比一般超市牛奶要贵一倍，每周固定订户就超过4 000户，产品供不应求。经过30年发展，企业规模已达到1 240多公顷，产出80余种绿色农产品。

第三节　重庆市发展生态农场的价值发现

有研究表明，农业文明时代，资源主要集中于平原；工业文明兴起后，沿江沿海优势得到彰显；进入生态文明新纪元，山地价值将更加凸显。重庆独有的地理条件和自然资源，立体气候明显，物种资源丰富，"多品种、小规模、高品质、好价钱"的现代山地特色高效农业已为生态农场进一步发展探索出了一条有效路径，奠定了坚实的基础。

（一）丰富的物种资源构成稳定的复合生态系统，为生态农场发展提供了基本条件

全市海拔高差达到 2 723.7 米，四季分明。河流纵横，水系发达，境内流域面积大于 100 平方千米的河流有 274 条。特有的气候条件带来了资源的多元化，巴渝山川孕育了 6 000 多种植物，各类特色作物在河谷平坝和低、中、高山区总能找到最适合生长的一方水土，一年四季总能找到本地产的新鲜水果。因一山之隔或海拔不同而造成产业不同的情况十分常见，可灵活选择种植结构，发展适宜品种，构建复合生态系统，解决因种植结构单一而带来的土壤肥力下降、生物多样性消失、病虫害加重等问题，能增加农业生态系统的稳定性，减少化肥和农药的施用，加强资源、环境、生态等自然禀赋的利用与保护。

（二）中小型规模带来的精细化农耕模式，为生态农场发展提供了良好基础

受丘陵山地条件影响，全市经营主体总体规模不大，据 2021 年备案的工商资本租赁的 1.67 万宗土地，平均每宗面积约 162 亩。适度规模发展有利于农业精细化管理，发挥农业系统的整体功能，提高物质循环和能量转换的效率，促进特色农业发展。同时，易于保留传统农耕文化，丰富农业产业业态，推动农业"接二连三"发展，达到提升农业综合效益的目的。

（三）逐步完善的乡村基础设施，为生态农场发展提供了广阔的市场前景

截至 2021 年年底，全市农村公路总里程达到 16.51 万千米，路网密度

达到 201.2 千米 / 百平方千米，位居西部第一；乡镇通三级以上公路比例达到 79.9%，行政村通畅率达到 100%，村民小组通畅率达到 92.4%，城乡融合更加紧密，"人进村""产品出村"更加方便快捷。农村生态环境得到显著改善，已由过去的"脏乱差"蝶变成"望得见山，看得见水，记得住乡愁"的美丽乡村，成为城市的后花园。随着消费水平的提高，人们对生态、绿色的追求升级，更愿意亲近大自然，为生态农场发展提供了广阔的市场前景。

第四节　生态农场发展存在的问题与难点

（一）高素质从业人员缺乏，农业生态化技术水平不高

农村劳动力老年化已成为阻碍农业发展的主要制约因素，机械化设备、生态农业技术推广存在一定难度。从全国调查来看，虽然生态农场的经营者较年轻，受教育的程度都较高，但具体从事田间生产人员年龄大、受教育的程度不高，技术落实存在一定的难度，业主有较强的生态技术应用意识，但因缺乏高素质的劳动力而难以落实到田间地头；年老的业主因生态技术应用成本高或使用复杂而不愿意采纳。据前期在开展生态农场申报评价时，相当部分农场生产规模和产品质量能够达到生态农场标准，但缺乏基本的农事记录而导致无法通过评价。部分业主购置的机械设备，不敢让雇用的村民使用。

（二）种养循环结合比例低，农业生产内部循环不畅

种养结合是生态农场最重要、最基本的特征，是生态农业最主要的发展模式。随着近几十年农业生产经营方式的变革，农业生产分工的专业化和精细化愈加明显，特别是种植业和养殖业的逐渐分离，朝着各自独立规模化的方向发展，养猪的人不种地、种地的人不养猪现象普遍。本应用于种植业作为肥源的养殖粪污却被迫采用处理成本更高的达标处理方式，本可以利用粪污的种植业而被迫施用更多的化肥或价钱更高昂的商品有机肥，既浪费资源增加农业生产成本，又造成农业面源污染，给农村环境带来挑战。据调查，

当前我国种养结合生态农场占比仅约30%，单一的种植生态农场占比超过50%，较低的种养结合比例还远远达不到生态农场的发展要求。

（三）产业功能和产品单一，整体效益不高

受经营者自身能力、地理位置等因素影响，当前多数家庭农场等农业新型经营主体主要以生产和销售初级农产品为主，仅提供了农业作为农产品提供者最基本的功能，其收益主要通过售卖农产品获得经济效益，收益渠道单一。多数农场的农业生态功能、文化功能、教育功能等未得到有效拓展，产业链短，产品附加值低。产业功能和产品结构单一，易受天气和市场的影响，导致农场抗风险能力弱。

（四）品牌培育滞后，产销对接不畅

品牌是质量、信誉、个性与特色及营销手段等的综合体现，是企业拥有的重要无形资产。虽然近年来全市推出了"巴味渝珍"等公用品牌，也打造出了"吴小平葡萄""巴南银针"等农业企业品牌产品，但总量不多，品牌的个性化不够突出，个别企业对自身的品牌价值维护不够，产品以次充好，通过收购其他产地产品贴牌等，导致消费者对农产品品牌总体的信任度降低，好产品难以实现好价值。同时，生态农场销售渠道、营销模式都较单一，主要以商贩上门收购或就近市场零售为主，虽近年直播带货等线上销售使这一情况得到了一定改善，但生态农产品仍然缺乏专业的展销平台，如何实现生态农场产品优质优价是推动生态农场发展的重要环节。

（五）政策支持力度不够，发展氛围不够浓厚

2021年，农业农村部农业生态与资源保护总站会同中国农业生态环境保护协会主要在"长三角"和部分重点区域开展试点建设和评价工作。从目前来看，评价工作仍以行业协会和生态总站为主，工作还未上升到全国农业农村系统层面上来。2022年农业农村部办公厅印发了《推进生态农场建设的指导意见》，重点任务侧重于生态农场的评价，对生态农场建设的扶持政策不够明确，也未形成专项投入给予引导，社会宣传力度不够，推动生态农场发展的社会氛围还不够浓厚。

第五节　加快生态农场发展的对策建议

（一）优化农业产业布局，推动农业生产资源内循环与高效利用

要充分考虑当地的环境容量、土地承载能力、农业资源循环利用等因素，注重以资源利用为主线的产业链布局，优化产业布局和产业发展结构。重庆市猪粮二元结构的农业产业较突出，要切实落实适度规模、以地定畜的畜牧业发展思路，避免养殖业单体规模过大而造成种养脱节。要推动养殖业向种植基地发展，充分利用现有种植基地设施农用地资源发展养殖业，打通农业生产内部资源循环链，做好上下游产业衔接配套，充分发挥农业在环境绿化、水体净化、资源转化上的生态功能。

（二）整合农业扶持政策，推动农业绿色生态转型发展

要把生态农场作为各类农业政策实施的主体，构建从农场基础设施建设、产业扶持、绿色技术应用和产品销售全环节的扶持政策。当前应重点加强农业产业行业内部资源整合，把生态农场作为各类新型经营主体申报相关农业扶持资金的重要前置条件，重点支持种养结合型生态农场建设，实现农业内部资源循环利用。优先在生态农场开展农业减排固碳、农业绿色发展等新技术应用试点。有条件的生态农场，应优先实施高标准农田、"千年良田"建设，完善生态农场基础设施建设，以提升农田设施在提升地力、灌溉和防污方面的综合功能。

（三）实施农业品牌战略，提升生态农场产品社会公信力

品牌是信誉、信用的集中体现，是消费者记忆产品质量、产品特征的标志。要加强生态农场产品品牌塑造，把生态农场品牌培育纳入全市农产品品牌发展规划，提升到区域公用品牌培育高度，努力把生态农场评价打造成与绿色食品、有机食品认证的同等社会认可度。从市级层面，统一生态农场品牌LOGO标识，参照绿色食品标识做法，授权通过评价的生态农场使用。在"巴味渝珍"公用品牌中开辟重庆生态农场产品专栏，支持全市生态农场产

品通过"巴味渝珍"品牌渠道销售。支持生态农场积极参与绿色食品、有机食品认证，优先在生态农场推广食用农产品合格证，通过政府的公信力背书提升生态农场产品社会认可度。

（四）丰富农业功能，促进生态农场高质量发展

生态农场最大的特点是通过资源的高效利用提高生产率，构建起复合型的农田生态系统，形成农业多功能发展的基础。生态农场应突破基本的生产功能，要向生产、生态和文化等复合功能发展，推动生产和多业态融合。以生产为基础，重点通过种养结合和产业链延伸，构建稳定复合的生态系统，实现农场内部零排放零污染，这也是评价生态农场生态水平的一个重要指标。在良好的生态基础上，结合当地的自然资源条件和地理位置，有条件地推动业态综合化发展，即整合农场种植养殖、生态环境等各类资源，以观光、体验、采摘、民宿等多种业态综合的方式适当发展第三产业，以第一产业为基础、第二产业为延伸、第三产业为补充，最终实现农场的三产融合，丰富农场的收益来源，提升农场综合效益，增强抗市场风险的能力。

（五）加快共享信息平台建设，推动生态农场产品与市场有效对接

当前生态农产品销售重点要解决消费者的信任与销售渠道问题，实现生态产品高质量与高价值相匹配。地方政府应为本地生态农场产品搭建公众信息平台，扩大生态产品市场知晓度，让广大消费者"有地方找，并找得到自己需要的生态产品"。推动完善生态农产品质量安全追溯体系，加强生态农场物联网与农产品质量安全可追溯体系对接，推动二维码、射频码在生态农场产品中的应用，形成生态农场产品从生产、加工到销售全过程信息化、公开化、透明化和可视化管理，让消费者与生产者、销售者信息对等，解决消费者对产品的信任问题。要不断扩大农产品销售渠道，当前直播带货、线上销售等已成为农产品销售的重要渠道，要充分发挥农业行业协会功能，通过公众信息平台，适时发布本区域生态农产品产量、价格等信息，搭建起小农场与大市场对接的信息平台，促进生态农产品对外销售。

（六）推动一批示范场建设，引领全市生态农场快速发展

按照"推荐一批国家级、培育一批市级"的发展原则，有序推动全市示

范农场建设。当前要以种养结合、中小规模的农场为重点，严格按照《生态农场评价技术规范》的要求，组织开展生态农场评价工作，对符合条件的，积极推荐申报国家级生态农场；对不符合条件的，要加强技术指导，积极培育，引导发展。对纳入国家级和市级的生态农场，给予命名和授牌，在有关农业项目申报上给予倾斜。要加强已建成生态农场的生产管理，按规定开展日常监测和评价，实行动态管理，达不到生态农场评价标准的，要及时取消，确保生态农场的品牌价值和公信力。

（七）加强技术帮扶，为生态农业健康发展提供新动能

加强生态农业技术宣传、培训和推广，市级应跨产业行业组建生态农业技术创新团队，加强重庆市适用生态农业技术新创研究与总结，为生态农场发展提供技术支撑。建立定点联系技术帮扶机制，组建市县两级生态农场专家组，落实一对一技术帮扶，通过专家组与生产者的合作，构建产学研用合作与利益共享机制，提高生态农业技术的综合应用水平，为生态农业健康发展提供新动能。

（八）强化宣传引导，营造良好的社会发展氛围

要加强农业生态技术的宣传培训，要把农业生态技术纳入高素质农民培训内容，加强系统性培训，提高农业从业人员意识和技术水平，培养一批懂农技、善经营、会管理的现代生态农业复合型人才，推动生态农场高标准建设。要加强生态农场的品牌宣传，通过在农交会设置专题展台、投放公益宣传广告、在"巴味渝珍"开设专栏等多种形式，提升生态农场生态产品知名度。加强社会面宣传引导，组织开展"生态农场·重庆行动"系列专题报道，树立生态农场典型，挖掘生态产品价值，为生态农场发展和生态产品价值实现提供良好的社会氛围。

第八章

全面推进乡村振兴背景下生猪屠宰及产品制式化监管路径研究

乡村振兴战略是新时代"三农"工作的总抓手,产业兴旺是乡村振兴的重点。重庆市是生猪生产和消费大省,2023年出栏生猪1 975万头,人均猪肉消费量45.32千克、居全国第一位。生猪产业在重庆市农业经济中占据重要地位,不仅关系着900多万乡村常住人口的增收致富,也对保障市场供应、确保食品安全、稳定市场物价起着关键作用。随着人民生活水平的日益提高,对生猪屠宰产品质量安全的要求也越来越高。生猪屠宰及屠宰产品监管作为确保质量安全的关键环节,面临着新的机遇和挑战。在全面推进乡村振兴的背景下,加强生猪屠宰及屠宰产品制式化监管,对提升生猪产业发展水平、保障畜牧业健康可持续发展、保障食品安全、促进乡村经济繁荣具有重要意义。

第一节 生猪屠宰及产品监管的现状

(一)监管体系逐步建立

我国已初步建立起以法律法规为依据,以各级农业农村行政部门和动物卫生监督所、农业综合行政执法总队等监管机构为主体,各级动物疫病预防控制中心为技术支撑和保障的生猪屠宰及产品监管体系。相关法律法规不断完善,明确了监管职责和要求;各级监管机构逐步健全,加强了对生猪定点屠宰厂(场)的日常监管和执法检查;技术支撑体系不断加强,检测手段和能力逐步提高。据不完全统计，目前重庆市向139家生猪定点屠宰厂（场）派驻官方兽医660名，超过国家规定配备标准。

在相关法律、法规、规章和规范性文件方面，主要有《中华人民共和国畜牧法》《生猪屠宰管理条例》《重庆市生猪屠宰行业发展规划》《动物防疫条件审查办法》《病死畜禽无害化处理管理办法》《产业结构调整指导目录（2024年本）》《生猪屠宰质量管理规范》《生猪屠宰质量管理规范检查标准》《生猪屠宰质量管理规范检查项目评定指南》《重庆市生猪屠宰行业发展规划》，正在制定起草《重庆市畜禽屠宰管理条例》《重庆市小型生猪屠宰场点管理办法》，对生猪定点屠宰厂（场）的设立、生产、检验检疫等环节进行严格规范、全过程监管。全国范围内启动实施畜禽屠宰"严规范 促提升 保安全"三年行动，持续开展屠宰环节质量安全风险监测（包括17种违法添加物和水分），开展屠宰违规违法专项整治行动、严厉打击屠宰加工病死畜禽、违法注射有害物质以及私屠滥宰等违法行为。因此，畜禽屠宰行业质量安全监管工作取得了长足进展。

（二）标准化建设稳步推进

生猪屠宰标准化建设取得一定成效，各地积极推进生猪定点屠宰厂（场）标准化改造，提高了生产设施设备水平和管理水平。同时，生猪产品质量标准不断完善，先后出台实施了《生猪屠宰检疫规程》《生猪屠宰与分割车间设计规范》《生猪屠宰肉品品质检验规程》《生猪屠宰兽医卫生检验人员岗位技能要求》《屠宰企业实验室建设规范》《食品安全国家标准 畜禽屠宰加工卫生规范》《畜禽屠宰企业消毒规范》等屠宰行业标准，为做好产品质量监管提供了操作规程依据。在政策推动下，各地积极落实开展生猪屠宰标准化示范改造。自2020年以来，重庆市16家生猪定点屠宰厂（场）开展畜禽屠宰标准化创建，目前重庆市已有1家生猪定点屠宰厂（场）获得部级生猪屠宰标准化示范单位称号。总体而言，畜禽屠宰规范操作有标准、质量安全有保障、质量基本可追溯。

（三）推动生猪屠宰行业转型升级

2019年全国开展落实生猪屠宰环节官方兽医派驻、非洲猪瘟自检等"两项制度"百日行动，生猪屠宰企业总量大幅减少，行业集中度明显提升。全国生猪屠宰企业数量大幅减少，2023年年底全国有生猪屠宰厂（场）5 608

家（其中自营占25.12%、混宰占33.11%、代宰占41.77%），比2013年年底（14 720家）减少62%以上。2022年屠宰生猪3.8亿头，同比增长19.31%。

重庆市也开展了实行生猪定点屠宰以来首次生猪屠宰资格清理整顿及其之后"回头查""飞行检查"等活动，全市生猪定点屠宰厂（场）由清理整顿前的472家减少至139家（A证93家、B证46家），分布在35个区县，设计屠宰能力3 000万头/年。全面落实生猪屠宰环节非洲猪瘟自检和官方兽医派驻"两项制度"，非洲猪瘟自检率100%，官方兽医派驻超过国家规定配备标准。全面落实生猪屠宰产品动物检疫合格证明、肉品品质检验合格证"两证"制度。2023年，重庆市屠宰检疫生猪911.2万头，全市累计备案畜禽运输车辆6 259辆，备案从事畜禽运输的单位和个人3 729家［其中，自行运输畜禽的养殖场户908家、从事畜禽贩运的单位和个人2 607家、自行收购运输的畜禽屠宰厂（场）214家］。

（四）企业主体责任意识有所增强

在各级监管部门的引导和督促下，一些生猪定点屠宰厂（场）逐步认识到质量安全的重要性，加强了内部管理，建立了质量安全管理制度，落实了主体责任。按照《生猪屠宰管理条例》《生猪屠宰质量管理规范》等要求，生猪定点屠宰厂（场）主要负责人全面负责本厂（场）生猪产品质量安全工作，并明确了质量安全负责人；生猪定点屠宰厂（场）应当设立质量管理部门，负责从生猪进厂（场）到生猪产品出厂（场）的全过程质量管理；配备了与屠宰规模相适应的屠宰技术人员、兽医卫生检验人员。8省3 194人参加的兽医卫生检验人员（计算机）考核，合格率78.7%。为全面提升屠宰企业兽医卫生检验人员的职业水平，重庆市正在组织开展兽医卫生检验人员考前辅导培训，根据情况适时衔接农业农村部开展计算机考试，合格后发放《兽医卫生检验人员考核合格证书》。

第二节　生猪屠宰及产品监管存在的问题

（一）法律法规制定和修订滞后，屠宰管理缺乏相应法律支撑

2015年，重庆市启动了《重庆市畜禽屠宰管理条例》的调研与起草工

作。2019年由于国家即将颁布新修订的《生猪屠宰管理条例》以及新一轮机构改革等原因而暂停。2021年8月1日新修订的《生猪屠宰管理条例》颁布施行。2023年9月12日农业农村部710号公告公布《生猪屠宰质量管理规范》(2024年1月1日起施行),但其他配套规章尚未完全出台。重庆市2002年市政府令颁布的《重庆市生猪屠宰管理办法》已经报请废止,《重庆市畜禽屠宰管理条例》列入市政府立法调研项目尚未出台,《重庆市生猪屠宰行业发展规划》已经印发,《重庆市小型生猪屠宰场点管理办法》正在起草,计划2025年出台。此外,牛、羊、禽屠宰管理缺乏相应法律细则支撑。

(二)行业集中度低,部分区县屠宰厂(场)规划布局不合理

2022年,我国有实际年屠宰量2万头以下(不含)的生猪屠宰企业3 187家,占比56.08%,屠宰生猪0.19亿头、占比6.01%。重庆市生猪屠宰厂(场)≥10家的有2个区县(涪陵12家、奉节10家);5~9家的有9个区县(云阳9家、江津7家、璧山7家、合川6家、荣昌6家、垫江6家、忠县6家、开州5家、武隆5家)。个别区县甚至不严格按照《生猪屠宰管理条例》关于"在边远和交通不便的农村地区,可以设置仅限于向本地市场供应生猪产品的小型生猪屠宰场点"的规定,将小型生猪屠宰场点设在区县城边,既不边远也不是交通不便,更不是农村地区(乡镇、村社)。个别区县不顾已有产能严重过剩,不报市农业农村委备案同意,不按照《国务院办公厅关于促进畜牧业高质量发展的意见》(国办发〔2020〕31号)关于"加快小型屠宰场点撤停并转"、《农业农村部关于进一步加强生猪屠宰监管的通知》(农牧发〔2019〕34号)关于"小型生猪屠宰场点,以县为单位计算,只减不增"、国家发展改革委《产业结构调整指导目录》关于"限制类"的要求以及《畜禽屠宰加工卫生规范》《畜禽屠宰与分割车间设计规范》等要求,擅自批准设置不符合条件的小型生猪屠宰场点,导致投资浪费,引发投诉举报。

(三)屠宰产能严重过剩,产能利用率低

全国5 608家生猪屠宰企业设计单班(每天7小时)屠宰量合计307.40万头、设计年屠宰产能总量11.22亿头(一年按365天、每天单班7小时计算),2022年实际屠宰量3.19亿头,平均产能利用率28.41%。重庆市:139家生猪屠宰企业设计年屠宰产能总量3 000万头,2023年实际屠宰量911.2万头,平均产能利用率30.37%;31家家禽屠宰企业设计年屠宰产能总量

2.38 亿只，2023 年实际屠宰量 1 985.1 万只，平均产能利用率 8.34%。

（四）屠宰条件较差、代宰率高

重庆市部分屠宰厂和绝大多数小型屠宰点工艺设备条件差，手工屠宰，条件极差，污水横流，臭气熏天；屠宰工作人员素质良莠不齐，兽医卫生检验人员持证上岗率低；屠宰检疫、产品检验、卫生消毒等制度不健全、落实不到位甚至形同虚设；大部分屠宰厂（场）冷链配送体系不健全甚至完全没有。重庆市 90% 以上为代宰或生产线外租（全国自营企业占 25.12%、混宰企业占 33.11%、代宰企业占 41.77%），屠宰产品质量安全企业主体责任难以落实。

（五）屠宰投资支持不足，行业发展进步慢

《国务院办公厅关于促进畜牧业高质量发展的意见》（国办发〔2020〕31 号）明确要求"通过中央财政转移支付等现有渠道，加强对生猪屠宰标准化示范创建和畜禽产品冷链运输配送体系建设的支持。"《重庆市人民政府办公厅关于促进畜牧业高质量发展的实施意见》（渝府办发〔2020〕139 号）也提出"强化财政保障，加大对畜禽屠宰标准化示范创建和畜禽产品冷链运输配送体系建设的支持力度。"2020 年，重庆市财政对 7 个区县的 7 个生猪屠宰厂（场）进行了支持；2021 年市财政取消了支持；2022 年对 7 个区县的 5 个生猪、2 个家禽屠宰厂（场）进行支持；2023 年对 3 个区县的 1 个生猪、1 个肉牛、1 个家禽屠宰厂（场）进行支持；2024 年对 4 个区县的 3 个生猪、1 个肉牛屠宰厂（场）进行支持，每个 30 万元。

（六）监管压力大，监管执法不到位

生猪屠宰及产品监管涉及面广、任务繁重，监管压力大，监管执法不到位，屠宰加工病死猪、注水注药等违法行为难以禁绝。在一些地方，特别是偏远农村地区，生猪私屠滥宰现象不同程度存在，且个别地方甚至还比较严重。虽然重庆市政府出台文件，在主城九区、区县城区部分区域禁止活禽交易屠宰，但是由于法律法规的缺失，禁止区域内活禽交易屠宰大量存在或由明转暗。机构改革后，机构队伍弱化（监管机构人员配备不足，监管经费不足，屠宰监管手段、装备落后，专业技术水平不高），与其他部门间还存在职责边界不清问题。监管人员不适应新时期监管工作需要，对国家相关法律法规规章标准和相应文件学习不够、对屠宰设施设备工艺流程掌握不够，指

导监督乏力、监管执法不到位。

第三节　生猪屠宰及产品监管对乡村振兴的贡献

（一）产业兴旺要求提升生猪产业发展质量

乡村振兴要求生猪产业实现高质量发展，这就需要加强生猪屠宰及产品监管，提高生猪产品质量，推动生猪产业向规模化、标准化、品牌化方向发展，推动生猪生产、屠宰、加工、流通、销售一体化发展。通过监管引导企业加大投入，改进生产工艺，提高产品附加值，增强产业竞争力。政策应进一步支持生猪屠宰加工产业重点的肉蛋奶产业高质量发展，促进产业转型升级，鼓励企业开展技术创新和品牌建设，对符合产业发展方向的项目给予一定的财政、金融和政策扶持。

（二）生态宜居要求加强生猪养殖和屠宰环节的环境保护

乡村振兴强调生态宜居，生猪养殖和屠宰环节产生的废弃物对环境造成一定压力。因此，需要加强对生猪养殖和屠宰环节的环境监管，推广生态养殖模式和清洁生产技术，减少废弃物排放，实现生猪产业与生态环境的协调发展。相关政策可加大对环保设施建设的补贴力度，鼓励企业采用先进的环保技术和设备，对不符合环保要求的企业进行整改或关停。各区县（自治县）农业农村主管部门要加大工作力度，督促生猪定点屠宰厂（场）建立问题生猪产品的召回制度，推进病害生猪及生猪产品（包括病死猪、"三腺"、修整边角料、废弃物等）委托专业的病死动物无害化处理厂进行集中无害化处理，杀灭可能携带的病原菌，保护环境安全，保障肉品消费安全。病害生猪及生猪产品生猪定点屠宰厂（场）对进行无害化处理的费用和损失，由地方各级人民政府结合本地实际予以适当补贴。

（三）乡风文明要求企业诚信经营、规范管理

乡风文明要求生猪定点屠宰厂（场）遵守法律法规，诚实守信，规范管理。监管部门要加强对企业的监督检查，引导企业树立良好的社会形象，为乡村文明建设做出贡献。政策可建立企业信用评价体系，对信用良好的企业

在行政审批、融资等方面给予优惠政策,对失信企业进行联合惩戒。要按照《生猪屠宰管理条例》要求,各区县(自治县)农业农村主管部门建立生猪定点屠宰厂(场)信用档案,记录日常监督检查结果、违法行为查处等情况,并依法向社会公示。

(四)治理有效要求完善生猪屠宰及产品监管机制

乡村振兴要求建立健全乡村治理体系,提高治理能力。生猪屠宰及产品监管作为乡村治理的重要内容,需要进一步完善监管机制,加强部门协作,提高监管效率,确保生猪产品质量安全。政策应明确各部门在生猪屠宰及产品监管中的职责与分工,建立协调机制,加强信息共享和联合执法,形成监管合力。要按照《生猪屠宰管理条例》,建立实施生猪屠宰质量安全风险监测制度,加强对生猪定点屠宰厂(场)质量安全管理状况、生猪屠宰活动进行监督检查、随机抽查;建立举报制度,公布举报电话、信箱或者电子邮箱,受理对违反本条例规定行为的举报,并及时依法处理;发现生猪屠宰涉嫌犯罪的,应当按照有关规定及时将案件移送同级公安机关。公安机关在生猪屠宰相关犯罪案件侦查过程中认为没有犯罪事实或者犯罪事实显著轻微,不需要追究刑事责任的,应当及时将案件移送同级农业农村主管部门。公安机关在侦查过程中,需要农业农村主管部门给予检验、认定等协助的,农业农村主管部门应当给予协助。

(五)生活富裕要求促进农民增收和就业

生猪产业的发展与农民的利益密切相关。加强生猪屠宰及产品监管,有利于保障生猪产品质量安全,稳定市场价格,促进生猪产业健康发展,从而带动农民增收和就业。政府可通过政策扶持生猪养殖合作社、家庭农场等新型经营主体,提高农民组织化程度,与生猪定点屠宰厂(场)产销对接,建立紧密利益联结机制,促进农民增收。同时,鼓励生猪定点屠宰厂(场)吸纳当地农民就业,为乡村振兴提供有力支撑。

第四节 生猪屠宰及产品制式化监管的路径

生猪屠宰及产品制式化监管要深入贯彻落实习近平总书记关于"用最严

谨的标准、最严格的监管、最严厉的处罚、最严肃的问责，确保广大人民群众'舌尖上的安全'"的指示要求，按照农业农村部和重庆市委市政府要求，充分运用现有法律法规，坚定信心，完善措施，积极应对，稳步推进，促进生猪屠宰产业的高质量发展。

（一）推进实施生猪屠宰质量管理规范

2023年9月12日农业农村部公告第710号发布的《生猪屠宰质量管理规范》，是农业农村部门在生猪屠宰行业质量监管工作中的"十年磨一剑"，是我国生猪屠宰行业发展的重要转折点、里程碑，是生猪屠宰行业监管坚持全国一个标准、一把尺子、一条底线的重要体现，是对生猪屠宰厂（场）开展监督检查和行政执法的重要依据，标志着我国生猪屠宰监管工作进入崭新阶段，具有划时代意义。要严格按照《农业农村部办公厅关于做好〈生猪屠宰质量管理规范〉实施工作的通知》（农办牧〔2023〕32号）、《重庆市生猪屠宰质量管理规范实施方案》（渝农发〔2024〕10号）、《生猪屠宰质量管理规范检查项目评定指南》（疫控屠函〔2024〕166号）要求，加强组织领导，强化宣传培训，开展分类指导，确保在2025年年底前完成重庆市所有139家屠宰厂（场）首次检查，同时在2026年年底前完成不合格屠宰厂（场）的整改合格。

（二）科学规划布局生猪屠宰厂（场）

要按照《中华人民共和国畜牧法》《中华人民共和国动物防疫法》《生猪屠宰管理条例》《重庆市生猪屠宰行业发展规划》要求，以国土空间规划为基础，有机衔接相关专项规划，综合考虑辖区生猪养殖规模、动物疫病防控和生猪产品消费等因素，科学规划生猪定点屠宰厂（场、点）设置。鼓励规模化经营，压缩过剩屠宰产能，控制低水平重复建设，压减从事代宰的生猪定点屠宰厂（场、点）数量。到2025年，重庆市生猪定点屠宰厂（场、点）数量力争控制在120家以内；到2030年，全市生猪定点屠宰厂（场、点）数量控制在100家以内。生猪定点屠宰厂（场）数量超过3家的区县，应合理撤并重组提升。对年出栏生猪50万头以上的一体化大型养殖企业新建生猪定点屠宰厂（场）的，或新建年屠宰加工能力100万头及以上的标准化生猪定点屠宰厂（场）的，可在全市总数控制范围内予以支持。引导生猪屠宰产能向养殖主产区转移，逐步形成与养殖布局相适应的屠宰产能布局。形成布局合理、数量适度、竞争有序、消费安全的生猪屠宰厂（场）布局设置。

（三）完善法律支撑保障

结合新修订颁布实施的《中华人民共和国畜牧法》《生猪屠宰管理条例》《重庆市动物防疫条例》《生猪屠宰质量管理规范》《重庆市生猪屠宰行业发展规划》等，在2025年年底前出台《重庆市小型生猪屠宰场点管理办法》《重庆市畜禽屠宰管理条例》。由重庆市政府立法调研项目纳入审议的相关法规文件项目争取2026年年底前出台。在制定过程中：一是设立小型屠宰点超范围销售罚则，包括"责令整改、停业整改、吊销证书和收回标志牌"，以落实《生猪屠宰管理条例》规定"在边远和交通不便的农村地区，可以设置仅限于向本地市场供应生猪产品的小型生猪屠宰场点，具体管理办法由省、自治区、直辖市制定。"二是定点屠宰审批权限回归重庆市本级，以落实《生猪屠宰管理条例》规定"生猪定点屠宰厂（场）由设区的市级人民政府根据生猪屠宰行业发展规划，组织农业农村、生态环境主管部门以及其他有关部门，依照本条例规定的条件进行审查"，最大程度减少领导证、人情证。三是建立生猪屠宰厂（场）"条件、数量"双规制动态监管机制，在全市总量控制的情况下，打通A证（定点屠宰厂）、B证（小型屠宰点）双向动态升降通道。

（四）严把屠宰厂（场）规模条件要求

严格按照国家法律法规要求，把好屠宰厂（场）"规划用地关、环保保护关、动物防疫条件关、屠宰条件关、数量规模关"。贯彻落实国家发展改革委《产业结构调整指导目录（2024年本）》规定"新建屠宰厂（场），年屠宰生猪15万头以上"，按期淘汰"落后生产工艺装备，桥式劈半锯、敞式生猪烫毛机等生猪屠宰设备；猪手工屠宰工艺。"贯彻落实《生猪屠宰管理条例》《重庆市生猪屠宰行业发展规划》以及农业农村部文件规定：加快主城都市区小型生猪定点屠宰场点撤停并转。渝东北片区、渝东南片区小型生猪定点屠宰场点数量，原则上只减不增；确需设立的，只能在距离最近的生猪定点屠宰厂（场、点）50千米以上或车程120分钟以上，且无法通过配送保障生猪产品供应的边远和交通不便的农村地区设立。非边远和交通相对便利的农村地区，不得设立小型生猪定点屠宰场点。新建、改扩建小型生猪定点屠宰场点的，年屠宰生猪应在 2 万头以上。

（五）提升监管队伍人员能力水平

加大对生猪屠宰及产品监管机构的人员配备力度，引进专业技术人才，加强培训考核，提高监管队伍的整体素质。加强生猪屠宰检疫队伍建设，按规定足额派驻官方兽医，强化驻场官方兽医业务培训，提高依法履职能力和执法水平。督促屠宰企业切实履行畜禽产品质量安全、动物疫病防控和安全生产主体责任，配备与屠宰规模相适应的管理人员和兽医卫生检验人员。加强屠宰管理人员能力素质提升，熟悉掌握相关法律法规、规程规范等方面的标准和技术要求，监督指导屠宰企业做好建设和管理。督促企业建立内部培训考核制度，确保企业人员掌握相关法律法规和专业知识技能，加强人员防护管理，配备必要的防护用品，落实人畜共患传染病防控措施。

（六）建立完善全过程质量管理制度

按照《生猪屠宰管理条例》《生猪屠宰质量管理规范》规定要求，建立完善生猪定点屠宰厂（场）应当建立的质量管理制度，确保畜禽屠宰产品质量安全。一是建立完善并严格执行活畜禽进厂（场）查验、记录制度。畜禽屠宰厂（场）应当建立畜禽进厂（场）查验登记制度，依法查验检疫证明等文件，利用信息化手段核实相关信息，如实记录屠宰畜禽的来源、数量、检疫证明号和供货者名称、地址、联系方式等内容，并保存相关凭证（记录、凭证保存期限不得少于 2 年）。发现伪造、变造检疫证明的，应当及时报告农业农村主管部门。发生动物疫情时，还应当查验、记录运输车辆基本情况。畜禽屠宰厂（场）接受委托屠宰的，应当与委托人签订委托屠宰协议（委托屠宰协议自协议期满后保存期限不得少于 2 年），明确畜禽产品质量安全责任。二是建立完善并严格执行畜禽屠宰全过程质量管理。畜禽屠宰厂（场）屠宰畜禽，应当遵守国家规定的操作规程、技术要求和畜禽屠宰质量管理规范，并严格执行消毒技术规范。发生动物疫情时，应当按照农业农村主管部门的规定，开展动物疫病检测，做好动物疫情排查和报告。畜禽屠宰厂（场）应当建立严格的肉品品质检验管理制度，肉品品质检验应当遵守畜禽屠宰肉品品质检验规程，与畜禽屠宰同步进行，并如实记录检验结果（记录保存期限不得少于 2 年）。经肉品品质检验合格的畜禽产品，畜禽屠宰厂（场）应当加盖肉品品质检验合格验讫印章，附具肉品品质检验合格证；未经肉品品质检验或者经肉品品质检验不合格的畜禽产品，不得出厂（场）。检验不合格的畜禽产品，应当在兽医卫生检验人员的监督下，按照国家有关规定处理，并如实记录处理情况（处理情况记录保存期限不得少于2年）。三是建立完善并严格执行生猪产品出厂（场）记录制度。畜禽屠宰厂（场）应当建立畜禽产品出厂（场）记录制度，如实记录出厂（场）畜禽产品的名称、规格、数量、检疫证明号、肉品品质检验合格证号、屠宰日期、出厂（场）日期以及购货者名称、地址、联系方式等内容，并保存相关凭证。记录、凭证保存期限不得少于2年。四是建立问题畜禽产品报告、召回制度。畜禽屠宰厂（场）对其生产的畜禽产品质量安全负责，发现其生产的畜禽产品不符合食品安全标准、有证据证明可能危害人体健康、染疫或者疑似染疫的，应当立即停止屠宰，报告农业农村主管部门，通知销售者或者委托人，召回已经销售的畜禽产品，并记录通知和召回情况。畜禽屠宰厂（场）应当对召回的畜禽产品采取无害化处理等措施，防止其再次流入市场。五是实施畜禽屠宰质量安全风险监测制度。根据畜禽屠宰厂（场）的规模、生产和技术条件以及质量安全管理状况，推行畜禽屠宰厂（场）分级管理制度，鼓励、引导、扶持畜禽屠宰厂（场）改善生产和技术条件，加强质量安全管理，提高畜禽产品质量安全水平。实行畜禽屠宰质量安全风险监测制度，制定畜禽屠宰质量安全风险监测计划，对畜禽屠宰环节的风险因素进行监测。县级农业农村主管部门应当根据畜禽屠宰质量安全风险监测结果和相关规定，加强对畜禽屠宰厂（场）质量安全管理状况的监督检查。

（七）加大监管执法力度

持续推进分区防控，规范活畜禽跨区域调运管理，完善"点对点"调运制度，以及调运车辆、单位和人员备案制度。持续开展专项整治，加强与市场监管、生态环境、交通运输、公安等部门联合监管执法，严厉打击私屠滥宰、注水注药、收购和屠宰病死猪等违法违规行为，常态化确保肉品质量安全。加强对进入市场和生产加工环节的生猪产品的监督检查和查证验物，全面落实生猪屠宰产品动物检疫证明、肉品品质检验合格证等"两证"可追溯管理制度，规范养殖、运输、交易、屠宰、销售市场秩序。强化检疫监管，全面落实生猪屠宰环节官方兽医派驻、非洲猪瘟自检等"两项制度"，督促企业严格按照生猪屠宰操作规程、生猪屠宰检疫规程等相关规程，规范组织生猪屠宰生产、开展肉品品质检验、实施生猪屠宰检疫，规范出具动物产品品质检验合格证、动物检疫合格证明。建立健全举报奖励制度，鼓励公众参与监督，形成全社会共同监管的良好氛围。

（八）强化宣传引导

充分利用报刊、电视、广播、新闻网站、微博、微信、抖音、公众号等平台加强宣传，解读政策，建立经营商家和市民对政策的信任感，引导市民消费升级，引导市民养成消费"冷鲜肉""冰鲜肉"的健康生活习惯，把好事办好，把实事办实。加大各种传染病防控知识宣传力度，为生猪屠宰工作推进营造良好的舆论氛围。

（九）推进生猪屠宰产业高质量发展

按照国务院和农业农村部、重庆市政府文件要求，持续推进生猪屠宰行业转型升级，规范提高屠宰条件，引导屠宰企业逐步实现规模化、标准化、规范化、现代化发展。开展生猪屠宰标准化示范创建，实施生猪屠宰企业分级管理。鼓励大型畜禽养殖企业、屠宰加工企业开展养殖、屠宰、加工、配送、销售一体化经营，加快健全畜禽产品冷链加工配送体系。一是鼓励全产业链一体化发展。全产业链一体化发展，有利于解决生猪养殖、屠宰、加工、配送、销售发展不平衡不充分的问题；有利于构建现代生猪产业经济体系，提升供给体系的质量和效益；有利于促进生产、生活、生态有机结合，形成城乡融合发展新格局；有利于带动农村全产业链融合发展，在全面推进乡村振兴中促进农民共同富裕、农村共同进步。要按照《国务院办公厅关于促进畜牧业高质量发展的意见》（国办发〔2020〕31号）要求，持续推进生猪屠宰行业转型升级，开展生猪屠宰标准化示范创建，实施生猪屠宰企业分级管理。鼓励大型畜禽养殖企业、屠宰加工企业开展养殖、屠宰、加工、配送、销售一体化经营，加快健全畜禽产品冷链加工配送体系。二是推行标准化屠宰。推行标准化屠宰，是屠宰企业加快转型升级、提高行业竞争力的重要举措，是提升生猪产品质量安全，促进屠宰行业高质量发展的重要抓手。要按照农业农村部办公厅《关于深入开展生猪屠宰标准化示范创建工作的通知》（农办牧〔2021〕39号）、《农业高质量发展标准化示范项目（生猪屠宰标准化建设）建设指南》（疫控屠函〔2021〕157号）要求，将生猪屠宰标准化示范创建工作统一纳入农业高质量发展标准化示范项目管理,按照质量管理制度化、厂区环境整洁化、设施设备标准化、生产经营规范化、检测检验科学化、排放处理无害化的总体要求,指导各地创建一批生猪屠宰标准化建设示范单位,建立科学有效的屠宰质量安全标准体系,优化工艺流程,提高屠宰机械化、自动化、智能化水平,增强企业服务"三农"的功能。三是支持建设冷链流通和配送体系。深入贯彻国办发〔2020〕31号和农业农村部、国家发展改革委、财政部、生态环境部、商务部、银保监会印发《关于促进生猪产业持续健康发展的意见》(农牧发〔2021〕24号)加快健全畜禽产品冷链加工配送体系。鼓励屠宰加工企业建设冷却库、低温分割车间等冷藏加工设施、配置冷链运输设备;推动物流配送企业完善冷链配送体系,拓展销售网络;倡导畜禽产品安全健康消费,逐步提高冷鲜肉品消费比重。贯彻落实国家发展改革委《城乡冷链和国家物流枢纽建设中央预算内投资专项管理办法》(发改经贸规〔2021〕817号),明确提出城乡冷链和国家物流枢纽建设中央预算内投资专项重点支持服务于肉类屠宰加工及流通的冷链物流设施项目(不含屠宰加工线等生产设施),公共冷库新建、改扩建、智能化改造及相关配套设施项目。四是加强财政支持。深入贯彻落实国办发〔2020〕31号和《重庆市人民政府办公厅关于促进畜牧业高质量发展的实施意见》(渝府办发〔2020〕139号)精神,强化财政保障,推动出台促进畜禽屠宰行业发展的政策措施,支持畜禽屠宰企业参与国家现代农业产业园、优势特色产业集群、农业产业强镇等项目建设,提升畜禽屠宰企业机械化智能化水平,支持符合条件的畜禽屠宰企业申请认定农业产业化重点龙头企业。推动屠宰加工机械装备研发和畜禽产品冷链加工配送体系建设,加大畜禽屠宰标准化示范创建支持力度,有效提升重庆市屠宰规范化水平。落实农产品初加工企业所得税优惠、鲜活农产品运输"绿色通道"、无害化处理补助和金融助力畜牧业高质量发展等政策,支持屠宰企业发展。

第五节 结论

当前,重庆市生猪屠宰及产品监管虽然取得了一定的成绩,但仍存在一些问题和挑战。要充分认识到生猪屠宰及产品监管的重要性,进一步加强监管队伍建设，完善监管机制，推进标准化建设，提高信息化水平，加强企业自律，探索出一条适合我国国情的生猪屠宰及产品制式化监管路径，为实现乡村振兴和农业农村现代化做出更大的贡献。